シンクロニシティ

願望が実現する「偶然」のパワー

秋山眞人
協力／布施泰和

河出書房新社

運命を操作する方法は古来、知られていた――まえがき

「友人からもらったグラスが落ちて割れ、不吉だなと思ったとたん、その友人が亡くなったという知らせが届いた」「合格した受験番号や、当たった宝くじのナンバーは、なぜか同じ数字が関わっている」――。こうした不可思議感のある偶然の一致を、スイスの心理分析家カール・グスタフ・ユング（一八七五～一九六一年）が「シンクロニシティ」と名づけたことは、よく知られている。

私自身、小学生のころ、ちょっとだけ不思議な体験をしている。空に、近所で飼われていたはげしく吠える犬にそっくりの雲が浮かんでいたのをみた。

「なんだか悲しそうな顔だな」と思ったそのすぐあと、その犬がクルマにのせられて運ばれていくのをみたのだ。やんちゃな犬を飼い主がもてあましたのか、どこかに連れていかれていくところだった。

こうした、オカルトとも偶然とも区別がつかない体験が、ひょっとしたら読者の皆さんにも一つや二つはあるのではないだろうか。こういった現象は、最近の統計でも平均的日本人の七割強が体験しているとの報告もある。

このような、昔からいわれるところの虫の知らせ的な現象は、本書で取り上げる共時性・シ

ンクロニシティの中核的な現象でもある。そして、このシンクロニシティこそ、不思議なことや超日常的なことに関心をもつトリガーとなるのだ。

もう一つ、興味深い偶然の一致を挙げよう。

海部《かいふ》俊樹《としき》元首相は数字のシンクロニシティに巻き込まれた人物で、昭和二九年に早稲田大学を卒業。二九歳で第二九回総選挙に当選。二九が自分のラッキーナンバーと信じた氏は、「二九年間応援してくだされば総理になれる」と宣言。二九年後に総理大臣になった。

社会的な事象と数字のシンクロニシティもある。室町幕府一五代将軍の足利義昭《よしあき》は室町幕府最後の将軍で、同様に一五代将軍・徳川慶喜《よしのぶ》は江戸幕府最後の将軍である。そして、一九九一年から九三年まで首相を務めた宮澤《みやざわ》喜一《きいち》は、自民党一五代首相であるが、彼の代で自民党政権はいったん終止符を打ち、非自民である細川護熙《もりひろ》に政権を譲ることになる。のちほど触れるが、日本の歴史では一五という数字が特別な意味をもつようなのだ。

こういった現象がなぜ起こり、そこから何がわかるのかといったことに関心をもつことが、人生、および社会の未来に役立つと私は考えている。その根拠となるデータと思索を、本書に記した。

当然のことながら、こうしたシンクロニシティと呼ばれる不可思議な現象は、科学の研究対象から外される場合が多い。外したい気持ちもわからなくはない。人間には、奇異な現象をみると関連づけて考えようとするクセがあると心理学者は説明しようとするし、物理学者はばかばかしいというだけかもしれない。しかし、本書に挙げたすべてを否定することは、人間そのものの否定である。

そして、この現象を調べれば調べるほど、歴史のなかにおいて、あるいはどの国家においても、古《いにしえ》の時代から「シンクロニシティをコントロールした」という話が残っていることがわかるのである。

それを単なる未開の呪術だとして遠ざけることはできる。話のなかには迷信や誇張《こちょう》もあるだろう。しかし、それだけの理由で、こうした話を全否定してしまうのは早計である。意識と大自然が、シンクロニシティの織りなす「意味あるシンボル」でとても固く結びついている――私はいま、そう考えざるを得ないのである。

この本では、皆さんの生活を豊かにする、人の心に潤《うるお》いを与える「シンクロニシティとの有意義な関わり方」を提案したい。楽しく幸せになるために、シンクロニシティを自分のものとし、それを操縦する極意を伝授できたらと考えている。さらに現実生活に有効に活かし、物や**・・・**はかりではなく、心で実証するのは、読者諸氏なのである。

繰り返すが、本書の内容は正確にいえば科学でもないしオカルトでも宗教でもない。思想とはいいがたいし、しかしとても刺激的な世界観なのである。

というわけで本書は科学でもファンタジーでもないが、しいていえば、人生の魔術書のようなものになった。あなたがどのように使うかによって、とても面白いことが起こるだろう。

本書を出版するに当たって、シンクロニシティに関心を示してくれた、多くの理工学者や医学者、ジャーナリスト、技術者が、こっそり協力をしてくれたことに感謝する。またシンクロニシティを理解してくださる世界中の人々に、私はただただ感謝の気持ちでいっぱいである。どうだろう。ともにシンクロニシティの知的冒険の旅に出てみようではないか。

秋山眞人

シンクロニシティ　願望が実現する「偶然」のパワー　目次

2章——驚くほど多岐にわたる「偶然の一致」のパターンと特徴

巻末資料

カバーデザイン●スタジオ・ファム
カバーCG●アフロ
本文イラスト●青木宣人

序章——この「不思議な現象」は どこまで解明されたのか

研究者についてまわる不思議な「偶然の一致」

シンクロニシティ的な現象と不可思議現象に初めてジャーナリストとして踏み込んで、実証的に事件を追い続けたのが、アメリカのジョン・A・キール（一九三〇〜二〇〇九年）である。机上の論理としてシンクロニシティを追う人は多いが、彼はある意味、実証主義者であった。一五〇〇件以上の不可解な事件を追って、世界中をインタビューして歩いたのだ。

そのキールのことを深く理解していて、超常現象を否定的観点からも調べていた志水一夫《しみずかずお》（一九五四〜二〇〇九年）という研究家が日本にもいた。その志水が、実はキールとまったく同じ日（二〇〇九年七月三日）に亡くなっているのも、単なる偶然ではないだろう。

スイスの理論物理学者ヴォルフガング・エルンスト・パウリ（一九〇〇〜一九五八年）ら数々の名の知られた人々がシンクロニシティに関心をもって、探求しようとした。ところが驚くべきことに、関心をもったがゆえに、その人自身がその現象に巻き込まれていくということはよくある。たとえば、「そばにいるとすぐに研究機器が故障して、実験がうまくいかなくなるという現象を引き起こした」と同僚から揶揄《やゆ》されていたパウリは、生涯一三七という数字の秘密（電磁相互作用を表す微細構造定数が一／一三七に近い値をもつのはなぜかという謎）を追っていた。その彼が亡くなった病床《びょうしょう》の部屋が一三七号室だったことは有名な話だ。

またシンクロニシティが昔からよく発生するとされてきた、月の二三日か二四日にこういう人たちが事件に巻き込まれる現象はあまりにも多い。催眠療法に興味をもって実際に精神世界を探求していたオーストリアの精神医学者ジークムント・フロイト（一八五六～一九三九年）は、二三日に亡くなっている。

シンクロニシティや超常現象に興味をもって、その研究や現象の解明に関わった人たちは、二三、二四日生まれである場合が多い。占星術師でもあったイタリアの数学者ジェロニモ・カルダーノ（一五〇一～一五七六年）は九月二四日生まれだし、予言者ミシェル・ノストラダムス（一五〇三～一五六六）も、グレゴリオ暦では一二月二四日生まれだ。ほかにも、催眠術の開発者として知られるドイツの医師フランツ・アントン・メスメル（一七三四～一八一五年）の生まれた日は五月二三日であり、アメリカで最も有名な奇術師ハリー・フーディーニ（一八七四～一九二六年）も、「オルゴンエネルギー」という目にみえないエネルギーがあると主張した精神科医ヴィルヘルム・ライヒ（一八九七～一九五七年）も、生まれたのは三月二四日だ。

逆にシンクロニシティなどの超常現象の体験者には、死亡日が二三、二四日である場合が多い。フロイトや超常現象のテレビ番組企画で活躍したドキュメンタリー作家・中岡俊哉（一九二六～二〇〇一年）のケースだ。

その日には、異界が閉じたり開いたりするという神秘主義的な仮説もあり得るかもしれない。しかし何か根源があるというよりも、ある条件が整ったときに、ある心の状態でテーマをもつと、それに関連することを呼び込んでしまうような現象が法則的にオートマティックに起きるのではないだろうか。私たちの意識が引き金となってシンクロニシティを呼び込むのである。**同じ日にちに同じようなことが連鎖しやすいというのは、二三、二四という数字を我々が意識することによって、普段起きにくいことが起きやすくなる**ということであるかもしれない。この両日に、いままで経験のなかったような事件事故が起こる場合が多いのである。

日付と特定の人と事象が繰り返すこともある。

一九八二年六月一〇日午前一時三〇分、アメリカの警察官ロン・キングはクルマが横転する自損事故を起こしてしまった。幸いなことにたまたま通りかかった他のクルマにのっていた人がロンを救出、ロンは顎《あご》の骨が折れたが、一命は取り留めた。

二年後の八四年六月一〇日の同時刻（午前一時三〇分）、今度はロンの息子が、皮肉にも父親が事故に遭ったときと同じクルマを運転していて事故に遭い、顎の下を大きく切る傷を負った。さらに二年後の六月一〇日、家の庭で遊んでいたロンの娘がふとした拍子で転んでしまい、不幸にも顎の下に大きな傷を負ったのだ。つまり、父、息子、娘というロンの家族三人が、二年ごとの同じ六月一〇日に顎に傷を負ったわけだ。

また、語呂合わせのように言葉がシンクロすることもある。小和田雅子《おわだまさこ》さまと川嶋紀子《かわしまきこ》さまという皇室に嫁いだお二人の名前が、図1のよ

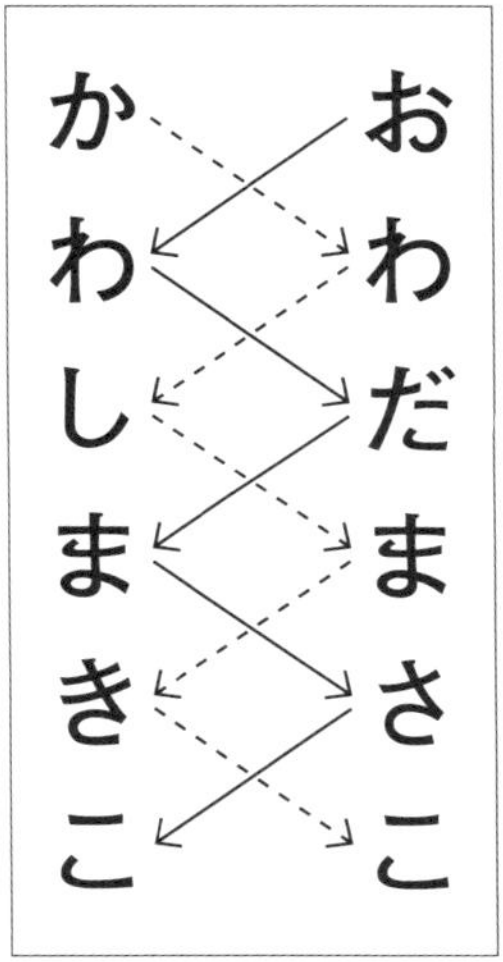

図1　名前のシンクロ例

うに並べると、襷《たすき》掛けのように一字ずつ交互に読んでも「おわだまさこ」「かわしまきこ」となるのである。これを偶然と考える方がおかしいだろう。

哲学者の九鬼《くき》周造（一八八八～一九四一年）も、語呂合わせや地口《じぐち》（ことわざや成句を文字った言葉遊び）に文化的な価値をみいだし、その効用を説いた。偶然が生んだ駄洒落《だじゃれ》は、日本人が本来もっている言語感覚に深く根差した、ある種の押韻《おういん》の文化・芸術であると力説、韻律のなかに言霊《ことだま》が宿るとする日本古来の言霊信仰の復活を唱えた。同じ音の言葉には、なんらかの「精神と世界を結ぶ響き」があると考えたのである。

研究の道を遮《さえぎ》る「負の三賢人」とは

「日付」「言葉」「神話のような物語」は超時空的にシンクロニシティを繰り返す。この現象を説明するには、我々の意識が現象に介在していると考えるしかほかに方法がない。シンクロニシティは、いまの科学では説明不能なことなのだ。

時系列的にいうと、私が何か思ったから、未来においてそれに関係することが起きるのか、あるいは、止むことのない木霊《こだま》のように、昔から延々と続いている現象に巻き込まれたのか、という問題もある。実はあるテーマを意識したり、シンボルが心に浮かんだりするということは、何かそういう周期に巻き込まれるということでもあるのだ。そういう現象がシンクロニシティの本質にあるのではないだろうか。

近年、科学実証主義がほぼ日本人に定着した感がある。学説や統計的数字をエヴィデンス(証拠)と称し、それに見合ったものでなければ、科学的には認めないという。そうした風潮のなかで、いちばん変化を余儀なくされたのが、心理学であった。

過去において信じられてきた心理学の大きな定説のほとんどが徹底的に検証され、心理学者自身によって批判の対象となっている。そしてとうとう、多くの人が心理学の大御所だと思っているフロイトやユングですら、いまや「学者ではない。実証主義的ではない」「彼らは哲学者や文学者に近い」と批判され、「心理分析家」と呼ばれるようになった。とくにハーバード大学のリチャード・ノル(一九五〇年〜)によって、ユングらは叩きのめされている。

だが、その実証主義が最も扱いづらいのも、人間の心なのである。心を数字で置き換えることは無理といってもよい。心理学の統計でさえ、すべての心そのものを数値化しているわけではない。ユング批判で逆に浮き彫りになったのは、**科学実証主義では人間の心に迫ることは難しい**ということであった。その実証主義者側から最も嫌われてきたテーマの一つがシンクロニシティなのである。

ガチガチの科学実証主義の人たちは、「心が物に謎めいた関係をもつというシンクロニシティのような現象はあり得ない。実証主義的に合理性がないからだ」という。彼らにとっては、最初からシンクロニシティは存在しないものなのだ。

だが、「ないものはない」という論説を振り回す人ほど、実はきちんと統計的に研究した実績をもっていない場合が多い。ややわかっている学者たちは、疑わしい、怪しい、疑似的、という言葉を巧みに使って、シンクロニシティを真剣に研究しようとする人たちに、「いい加減だ」というレッテルを貼る傾向はぬぐえない。

さらに問題なのは、シンクロニシティを研究するうえで、実証主義科学のほかに二つの「壁」があることである。一つは、思想家で、もう一つは宗教家だ。

シンクロニシティについて論述している哲学者や思想家は大勢いるが、得てして彼らは、近代マルクス主義をベースに置いた唯物論思想をもっている。その結果、シンクロニシティが宗教やオカルティズムを擁護する迷信にすぎないと考える。物質的な世界がすべてで、何か目にみえないものが実質的に心と物質に対して影響をもつということはあり得ないと決めつける傾向がある。唯物論的にはシンクロニシティは「あってはならない現象」なのだ。だからシンクロニシティといっただけで嫌悪感を露《あら》わにしたり、「共同幻想」「集団ヒステリー」などと揶揄《やゆ》したりするのである。

これに対して宗教家は、別の意味で厄介である。彼らは自分たちが唱えるシンクロニシティ的な現象や神秘的な現象だけを是として、それを客観的に検証しようともしないばかりか、それ以外の超常的現象を排除する傾向があるからだ。自分たちの主張を独断的に唱え続けるが、それ以外の人たちの体験には寄り添うこともなく、最悪の場合は攻撃したり、学術側と手を組んで批判したりするのである。

シンクロニシティを研究する際に、それを妨害する「負の三賢人」が立ちはだかるのである。シンクロニシティに否定的で饒舌《じょうぜつ》な科学者と、もともと「物がすべてだ」として心的な物理力を否定する思想家と、自分が体験したシンクロニシティ以外はすべて偽だとする宗教家という三者だ。この三者の罵詈雑言《ばりぞうごん》を浴びながら、我々はシンクロニシティの研究を続けてこなければならなかったのである。

これは、いまの科学、思想、宗教の全般に関わる問題でもある。その三者が探求を阻害しているものがあるとすると、それは大問題なのだ。この三者が犠牲にしたものに人間の本質が隠されているとするならば、人間の運命のすべての謎を解くカギを歴史のなかで見落としているかもしれないのである。逆にいえば、シンクロニシティの受容はこの三者を大きく変えるかもしれないのだ。

量子論はシンクロニシティの謎を解き明かせるか

シンクロニシティは近年、量子論で説明されることがよくある。どちらも量子の世界でしばしば論議される「瞬間的情報交換」のような現象が起きるからだ。つまり量子論では、因果律《いんがりつ》を半ば無視して、量子がいきなり宇宙の果てにテレポーテーションを起こすような現象が可能になるのである。しかしながら、宇宙のある場所での攪乱《かくらん》が、即座に宇宙の遠く離れた場所に影響し得るとする「非局所的」な量子論は、ある場所で攪乱が起きても、その影響は発生源から局所的にしか広がらないとする「局所的」な宇宙を想定した理論物理学者のアルベルト・アインシュタイン（一八七九～一九五五年）らの恰好の批判の標的となった。量子力学を認めると、特殊相対性理論が立ちゆかなくなるというジレンマに陥るからだ。

当初はアインシュタインらの主張が優勢のように思えた。確率的に結果が決まるとするような量子論は物理学からみるとあり得ないことは明らかで、アインシュタインも「神はサイコロを振らない」と述べ、勝ち誇ったようにみえた。だが、その後の実験により、量子力学が成立することが次々と証明されていった。

かくして我々は宇宙について新しい見方をせざるを得なくなった、とアメリカの理論物理学者ミチオ・カク（一九四七年～）は『パラレルワールド』のなかで述べている。我々の体の原子と、何光年も離れた原子との間には、宇宙の「絡み合い」（量子もつれ）という関係があることがわかったのだ、と。この理論によると、絡み合った粒子は、まるで双子がテレパシー交信をするように、たとえ何万光年離れていようとも、片方に起きた事象は自動的にもう片方に影響を与える。つまり、一つの粒子のことがわかると、ペアをなすもう一つの粒子のことも即座にわかることになるのだ。

もっとも、この量子テレポーテーション的世界を唱える量子論がシンクロニシティを説明する理論となるかどうかはわからない。一見説明したかのように思えても、似て非なる可能性はある。また、近年の研究により特殊相対性理論と量子力学を組み合わせた「場の量子論」が誕生したが、重力を扱う一般相対性理論と量子力学との間の矛盾や溝は埋まっていない。この広大な宇宙の、ミクロからマクロまでを統一して説明できる万物理論は、まだ出てきていないのだ。では、一体どの理論が生き残るのか。

そのジレンマをアメリカの作家ロバート・アントン・ウィルソン（一九三二〜二〇〇七年）は『コスミック・トリガー』のなかで、「量子力学が成り立たない場合」「客観性が成り立たない場合」「局所性が成り立たない場合」の三つの可能性に分けて論述した。

ウィルソンによると、量子力学が破綻したら物理学は根本的かつ全面的に破綻してしまうという。つまり、量子力学抜きでは、いまの世界はもはや成り立たなくなっているというのだ。そのとき必要となるのは、すべてをリセットした、新しいルールを基にした物理学（ニュー・ボールゲーム）だと彼は主張する。

では、二番目の可能性である「いまの物理学が標榜《ひょうぼう》する客観性が崩壊」したらどうなるのか。客観的に決まっていたはずの存在が、実は決まっていなかった場合である。ウィルソンは、量子論では箱のなかの猫は観測するまで生きていると同時に死んでいる状態にあるとする「シュレーディンガーの猫のパラドックス」を引き合いに出して、この宇宙は「観測者」がつくっているのだという結論になると指摘。あるいは無数の平行宇宙（パラレルワールド）が存在し、一つの宇宙では猫は生きているが、同時にもう一つの宇宙では猫は死んでいるような多世界が枝分かれ的に存在することになると説いた。

最後に、特殊相対性理論が標榜する局所性（ウィルソンは、「局所性」を原因の結果が光よりも速く伝搬されることはないとする性質であると簡略的に定義づけた）が綻《ほころ》べば、どうなるのか。当然、非局所的な量子論的世界があらゆる場面で現実になる可能性が出てくる。テレパシーのようなものや「ユング的世界」、すなわち思ったことがすぐに現象化するシンクロニシティ的世界が当たり前になるとウィルソンはいう。宇宙全空間で同時花火大会の開催すら可能になるのだ。

さて、あなたはどの世界を選ぶのだろうか。

シンクロニシティは、人間の本質を知り、それを高めるためのカギそのものである。**シンクロニシティは、人間の心が作用したり、コントロールできたりする可能性がある**、人類にとってきわめて重要なテーマだと私は断言したい。それを頭から否定することは、愚かでさびしく、悲しいことではないかとも思うのだ。

シンクロニシティに関するあらゆる叡智《えいち》を広める時代がきたといったら言い過ぎだろうか。フロイトによせ、ロケット開発に生涯をかけたヘルマン・オーベルト（一八九四〜一九八九年）にせよ、ほとんどの人に理解されない当時のたった一人の研究が、あっという間に世の中を変えることもある。

だが、いまの世の中は、当時にも増して、少数の主張に対しては非常に威圧的で、懐疑的だ。それは恐れの裏返しでもある。私はそれを仮初《かりそ》めの平和主義と呼んでいる。自分たちが思い込んでいる自分たちの平和的価値観を脅かす少数の意見は危険なのだという考えが、その背景にある。私は、そうした風潮に強く警鐘を鳴らしたい。

〝シンクロニシティ批判〟に対する批判はこのくらいにして、第一章ではシンクロニシティがどういう現象かについて、その全体像を整理し、紹介してみたい。

1章――そもそも「シンクロニシティ」とは どのような現象なのか

月に衝突した「円筒形」と「水」の謎

二〇一九年四月から五月にかけて、興味深いシンクロニシティが並行して進んでいた。それは、円筒形の物体が地上に落下するという現象だ。

四月一〇日にブラックホール撮影成功というニュースが報じられ、その翌一一日（日本時間では一二日）、イスラエルの月面無人探査機が着陸に失敗して、月面に衝突したのだ。写真をみると、墜落した探査機は、円筒のような形をしていた。

その四日後の一五日付の学術誌には、偶然にもＮＡＳＡの探査機が、隕石が衝突する際に月面から大量の水が放出されていたという論文が掲載されて、話題になった。ここでも月面に衝突する物体が関係してくる。

そして、その二日後の一七日、今度はなんと東京・荒川区の住宅街で、突然、円筒形の物体が空から落下してくるという珍事があったのだ。それはカメラのレンズで、小型プロペラ機にのって撮影中に、誤って交換用のレンズを落としたのだという。円筒形の物体が落下して地面に衝突するイメージそのものではないか。

わずか一週間の間に現れたそのイメージには、シンクロニシティ的にいえば何か強烈なメッセージが込められているように思われた。ＮＡＳＡは、隕石の衝突によって月表面下には大量の水があることがわかったとしている。衝突と水に関係する現象が続くのであろうか。

そう思ってニュースを調べ直すと、イスラエルの月探査機が月面に墜落した同日に、宇宙航空研究開発機構（ＪＡＸＡ）が小惑星「リュウグウ」への衝突実験で、探査機「はやぶさ２」から分離したカメラがデジタル撮影した高解像度の画像を発表していたことがわかった。

実際にはやぶさ２がリュウグウに人工クレーターをつくるため、衝突装置を爆発させて金属の塊を撃ち込んだのは、その六日前の五日だが、この衝突実験をした目的は、リュウグウの水や有機物を含んだ鉱物をサンプルとして持ち帰ることであった。

奇しくもＪＡＸＡがリュウグウの地表に人工クレーターをつくることに成功したと発表（四月二五日）した矢先の五月三日から四日にかけて、イスラエルとパレスチナの間でロケット弾と空爆の応酬があった。ガザ地区をはじめとする中東の対立の背景には、水資源の配分をめぐる極端な差別があることはよく知られた事実だ。翌五日には、北朝鮮から一年五か月ぶりにミサイルが発射され、日本海に落下したことが報じられた。九日にも北朝鮮から「弾道ミサイル」が発射され日本海に落下、大騒ぎとなった。これも、衝突と水だ。

衝突（現象の性質）と水（シンボル）は、同じテーマとして繰り返されているわけである。

このように、シンクロニシティでは、何度も同じテーマが繰り返され、響き合う。しかも、通常では考えられないような確率の現象、つまりニュースになるような現象が連鎖して起こるのだ。これらは、決してこじつけで並べた話ではない。こうしたシンクロニシティを追って、まだ起きていない未来の事件を予測したことも、一度や二度ではないからだ。

災害に、導火線のように連なる数字とシンボル

ほかにもいくつか、典型的なシンクロニシティを挙げておこう。

二〇一八年七月六日、西日本豪雨で岡山県倉敷市真備町（まびちょう）の小田川《おだ》などの堤防が決壊、死者多数（真備町だけで五一人）を出した。次に同月二五日には、台風一二号の影響により大阪府門真市（かどまし）で大規模停電が発生、同市では九月四日、台風二一号によっても再び大規模な停電が起きている。その二日後の九月六日午前三時七分、今度は北海道胆振《いぶり》東部地震が発生、最大震度七を記録した厚真町（あつまちょう）で大規模土砂崩れが発生して三六人が死亡するなど八〇〇人を超える死傷者が出た。震源の深さは三七キロだった。

つまり、**わずか二か月の間に、「真」のつく地名で四回も顕著な災害が起きている。**しかも、胆振東部地震では**三と七の数字が目立つ。まるで数字や文字が連鎖反応を起こしているか**のように大きな事象が起きているのだ。

数字の連鎖でよく発生するのは、地震だ。

一九三三年三月三日午前二時三〇分、岩手県釜石町（現釜石市）東方沖約二〇〇キロを震源としてマグニチュード八・一の大地震が発生。約三〇分後の午前三時ごろに津波が三陸地方を襲い、死者・不明者は約三〇六四人に上った。昭和三陸大地震、三陸大津波として知られるこの大震災は、**まるで導火線のように「三」が連鎖**しているのだ。

一九九五（平成七）年には、「三」と「七」と「戸」と「神」のシンクロニシティ連鎖が起きている。最初は、一月七日午前七時三七分三七秒に発生した青森県八戸市（はちのへし）で最大震度五を記録したマグニチュード七・二の地震だ。前年一二月二八日に三陸沖で発生したマグニチュード七・六の「三陸はるか沖地震」の最大余震だが、「三」と「七」がゾロ目のように異様に連なっている。

次はその一〇日後の一月一七日、あの阪神・淡路大震災である。午前五時四六分、兵庫県の淡路島北部沖の明石海峡を震源としてマグニチュード七・三の大地震が発生、震源に近い神戸市市街地を中心にして、六四三四人の犠牲者を出した。

その衝撃のホトボリが冷めきらない同年三月二〇日、今度は東京・神谷町（かみやちょう）などの地下鉄三路線でオウム真理教による地下鉄サリン事件が発生、一三人が亡くなった。東京を旧江戸と考えると、八戸、神戸と「戸」つながりだ。また、サリンが製造されたのは、山梨県の上九一色村（かみくいしきむら）であった。「上」は「神」に通じる文字である。

テロと災害を結ぶ「11」の数の衝撃

さらに衝撃的なのは「11」とテロ・災害の連鎖だ。

一九七三年九月一一日、チリの首都で米中央情報部（CIA）が画策した軍事クーデター（チリ・クーデター）が発生。世界で初めて、自由選挙によって合法的に選出されたアジェンデ大統領による社会主義政権が、アメリカの支援を受けたピノチェト将軍の指揮する軍部によって武力で覆《くつがえ》されたのだ。見方を変えれば、アメリカによるテロ活動である。

月日は流れて、二〇〇一年のその同じ日、今度はそのアメリカがターゲットにされ、イスラム過激派テロ組織アルカイダによって「9・11テロ（アメリカ同時多発テロ事件）」が発生した。

その五年後の二〇〇六年七月一一日、インドのムンバイ近郊で鉄道の車両が七か所で爆破される同時多発テロが発生、九〇〇人を超える死傷者が出た。会社などからの帰宅時間を狙った周到な犯行で、犯行時間は午後六時二四分から三五分までの一一分間であった。

同年一〇月一一日には、ニューヨーク・マンハッタンの高層ビルに、ニューヨーク・ヤンキースのコリー・ライドル投手が操縦する小型機が突っ込み炎上、同投手ら二人が死亡する事件があった。

さらにその五年後の二〇一一年には、二つの大きな災害と一つのテロが一一日に発生する。

まずは一月一一日、オーストラリア北東部クイーンズランド州で起きた前日の鉄砲水で死傷者が多数出たという発表があった。一時間で二〇〇ミリという激しい雨が降ったトゥーウンバでは、町の目抜き通りを濁流が襲い、その模様をメディアは「内陸の津波」と伝えたという。

そして大津波が海岸線を襲ったのが、三月一一日の東日本大震災だ。マグニチュード九・〇の大地震とそれに続く大津波などで、一万五〇〇〇人以上が亡くなる大惨事となった。その一か月後の四月一一日午後六時、ベラルーシの首都ミンスクの地下鉄の駅で爆弾テロがあり、一五人が死亡した。帰宅ラッシュ時を狙った犯行であった。

それから五年後の二〇一六年一月一一日、イラクの首都バグダッドのショッピングモールなどで連続テロが発生、三〇人以上が死亡した。同年一二月一一日には、エジプトの首都カイロのキリスト教会で爆弾テロがあり、二五人以上が亡くなった。

まるで計ったように、あるいは周期的に、同じようなテロや災害が繰り返されているのである。その周期が五年であるとしたら、次は二〇二一年ということになるが、果たして一一日には何が起こるのであろうか（巻末255ページ表1参照）。

言葉と事象を結びつける「運命の女神」

もちろん、先に挙げた「真」「戸」「神」のように、数字ではなく、文字、言葉、イメージで連鎖するシンクロニシティも多い。

堤防決壊で多数の死傷者を出した真備町を例に挙げると、「真」という文字と「災害」が人間の意識下で淡く結びつくのである。すると、門真市の「真」と「災害」を結びつけるような事象（台風による大規模停電）が現れる。厚真町の「真」と「災害」が結びつくような事象（地震・土砂崩れ）が発生する。言葉にイメージがまとわりつき、それがセットになって現れるような不思議な現象が現出する、あるいは引き寄せられるのだ。

「そのようなことがあるはずはない」と否定するのも無理はない。だが、人知を超えて起きるのがシンクロニシティなのである。言い換えれば、既存のものの起こり方とは別の現象なのだ。

たとえば、アメリカの考古学研究家で作家のフランク・ジョセフは、自著『シンクロニシティ』のなかで、自分が経験した興味深いシンクロニシティの例を挙げている。ジョセフは一九九二年のある日、クルマを運転中に、なんの前触れもなしに「サルマン・ラシュディ」という名前が脳裏に浮かんだ。ラシュディといえば、反イスラム的内容の小説『悪魔の詩』を書いたことで物議を醸《かも》した、インド出身のイギリスの作家である。イスラム原理主義者によって異端者とみなされ、一九八九年にはイラン最高指導者ホメイニから死刑宣告を受けた。その後、同著作に関係する、各国の翻訳者・出版関係者を標的とした暗殺や暗殺未遂事件が発生した。

だがジョセフは、なぜラシュディの名前が浮かんだのか、まったく心当たりがない。ますます気になって、思いをめぐらしているときに、運転する車の右側にある高速道路に続く道路に一台のクルマがみえた。なんの変哲もない濃いブルーの乗用車だが、かなりスピードを出しており危ないと思ったので、ジョセフはこのクルマを先にいかせようとブレーキを踏んだ。夫婦らしい二人の若い男女がのったその乗用車が前に出るのをみていたジョセフは、そのクルマのナンバー・プレートをみて愕然《がくぜん》とした。そこには「ラシュディ」という文字が刻まれていたからだ（注：アメリカでは、クルマの所有者が好きなナンバーや文字を使って登録できる）。

これなどは、まさにシンクロニシティがもたらすシンボリックなメッセージである。ラシュディという名前と「危険」は意識下で淡く結びついていた。〝死刑判決〟を受けた「ラシュデイ」は、「危険」が迫っていることを告げるシンボルであったわけだ。しかも、ジョセフに近づいていた、その「危険」の主は、文字どおり「ラシュディ」というプレートをつけた乗用車であった。

ここまでくると、もはや運命の女神がいるのではないかと思わずにいられない。

その運命の女神が微笑みかけたのが、阪神・淡路大震災で周囲が壊滅的な被害を受けたにもかかわらず、奇跡的に少ない被害で済んだ一軒の喫茶店「5時45分」（傍点は筆者）だ。

神戸市三宮《さんのみや》にある、その喫茶店のマスターは、たまたまみた時計の時刻から自分の喫茶店をそう名づけた。一九七八年のことであった。その一七年後の一九九五年一月一七日午前五時四六分、神戸市を中心にして大震災が発生した。神戸市にあるマスターの自宅も被災したが、家族は誰もケガをしなかった。震源地に近い喫茶店も壊滅的打撃を受けたと思って、翌月五日、マスターが恐る恐る喫茶店の様子をみにいくと、なんと「グラスとコーヒーカップが数個割れた程度」で、周りの惨状からすると奇跡的にほとんど無傷で済んだという。

何げなくつけた店の名が、大震災の発生時刻より一分早い「五時四五分」だったおかげで、難を逃れたのだろうか。では、もしあと一分遅いものだったらどうなっていたであろうか。

頭に浮かんだビジョンが、ニュースの予兆となった！

以下は私自身が体験したシンクロニシティである。

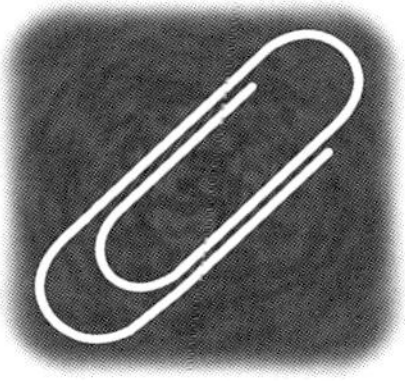

図2　大きなクリップのようなビジョン

その分厚い原稿を留める大きなクリップのような映像（図2）は二〇一九年三月下旬、突如、頭のなかに現れた。やがてその心象は、楕《だ》円《えん》形の渦巻きの像に変わった。同時に、やたらと大きな渦巻き状の大きなクリップを、普段ではあり得ないような場所で拾ったりするようなことが集中して起きた。そのとき無性に絵を描きたくなり描いたのが、靄《もや》のなかにブラックホールのような穴のある絵（図3）や石塔が林立しているような絵（図4）であった。とにかく「渦巻き」と「穴」のイメージが私につきまとうようになったのである。

そのような不思議な事象が起こるようになってから約二週間後、私がみた心象と似たようなニュースがあちこちで出現し始めた。

まずは二〇一九年四月一〇日、ブラックホールの撮影に成功したとの報道が世界中に流れた。まさに渦巻きと穴のイメージだ。

その五日後の一五日午後七時ごろ、パリにある世界文化遺産のノートルダム大聖堂の屋根付近で出火し、八時間以上にわたり炎上、駆けつけた消防署員やパリ市民らが見上げる夜空を赤く焦《こ》がした。この大規模な火災により、大半の屋根が焼失し、円天井の一部が崩落。高さ九六メートルの尖塔《せんとう》が焼け落ちたのである。立ち上る火炎は渦巻きのようであり、円天井に開いたのは、まさに光が差し込んでくる円い穴であった。

その一日前の一四日には、タイガー・ウッズが一四年ぶりにマスターズ優勝を果たしたが、ゴルフもまた、ボールを回転させて穴に打ち入れるスポーツであり、あらゆるものを吸い込むブラックホールのイメージと重なる。また、長いトンネルを抜けたウッズの不死鳥のような復活は、ブラックホールからの脱出のようでもあった。

さらに驚いたのは、色である。この世界を駆け抜けた三つのニュースには、黒と赤・オレンジ色がつきまとう。撮影されたブラックホールの画像には、中心の黒とその周りにオレンジ、

図3　ブラックホール状のビジョンの絵

図4　石塔が林立したようなビジョンの絵

あるいはピンク色に近い赤色の電波「ミリ波」が映り込んでいる。これは暗闇に赤・オレンジ色に炎上するノートルダム大聖堂を暗示しているようにみえた。タイガー・ウッズも優勝を決めた最終日、上は赤いシャツに下は黒いズボンであった。三つの出来事には、赤系統の色（赤、オレンジ）と黒色が共通のイメージとしてあるのだ。

私がみたらせん状のクリップや靄のトンネルのような穴の映像は、すべてこのシンボルと合致する。波乱（渦、炎、赤）、スランプ（トンネル、穴、黒）、そして穴の先にある復活（光、白）がテーマだ。

そしてついに、このシンクロ現象の結実として、この本の出版が決定したのだ。我々が研究していたものが、穴から放出される日がきたのである。

このように、**人間の心のなかにふと浮かぶ映像（人間の意識に現れる心象）と、外界で発生する事象との間で、時間を超越して連動あるいは共鳴のような現象が起きる**場合がある。しかもそれは、一度始まると同じイメージ・意味（形、色、性質）をもつ事象が次々と連鎖して発生する。これがシンクロニシティの特性なのだ。

ブラックホールのニュースに関しては、さらに面白いシンクロニシティがあった。それはブラックホールが撮影された場所がM87銀河であったことだ。約五五〇〇万光年も離れた銀河だが、実は日本人にも馴染みがある。というのも、テレビの特撮番組『ウルトラマン』では、ウルトラマンの故郷が「M78星雲・光の国」という設定だったからだ。「87」と「78」では数字の並びが逆ではないかと訝《いぶか》る読者もいると思うが、実は番組ではもともと、「M87星雲」だったが、台本の誤植で数字が逆になったことが昔から知られていたのである。光の国は「78」で、闇（ブラックホール）の国だから逆の「87」という落ちまでつくわけだ。

これは単なる偶然ではない。シンクロニシティは、半ば洒落《しゃれ》のように、そしてまるで連想ゲームのように連鎖するからである。それはまるで同じシンボルや同じ意味が、時空を超えて響き合う共鳴のような現象でもある。

科学の概念を打ち砕くシンクロニシティ

はじめに述べたが、シンクロニシティという概念はスイスの心理分析家ユングが提唱した。何か意味があることが起こり、しかもそれには確率的にあり得ないような偶然が付随するのである。一般的には「意味のある偶然の一致」として知られており、誰もがそういう不思議な体験をしたことがあるのではないだろうか。現在では「共時性」とか「同時性」などとも呼ばれている。

日本でも古くから「虫の知らせ」とか、「人の縁《えにし》」とか、「兆《きざ》し」とかで説明される現象として広く知られてきた。「下駄《げた》の鼻緒《はなお》が切れると、何か困ったことが起きる」「噂をすれば影が差す」などがその例だ（巻末253ページ表2参照）。

それをもっと広い意味で考えるなら、たとえばおみくじを引いた番号がいくつで、その番号に書かれた吉凶の占いどおりのことが起こるだろうという考え方も、実はシンクロニシティからきているのである。実際に引かれたおみくじの棒と、後に発生する現象とは縁もゆかりもない。それなのに人々は、そこに共通の意味が現れてくると信じて、神社でおみくじを引く。なぜか。それは、体験的にシンクロニシティという存在に気がついているからではないだろうか。つまり、我々を含めて、シンクロニシティ体験者はごまんといるのである。

それほど多くの人が体験しているシンクロニシティだが、なぜ錯覚、思い込み、迷信の類などとして、科学の研究対象から事実上外されてしまったのか。その答えは、単純明快だ。シンクロニシティはいまの科学の概念を打ち砕くからである。

それは、未来から過去に作用したような現象である。また、未来から過去に時間が作用したと考えたくなるような、有名な偶然現象が世界でたくさん起きている。

始まりがあって、いまがあって、終わりがある、と人は考える。過去があって、現在があって、未来がある、と。いわゆる直線的な時間論だ。いまの科学はこうした時間論で成り立っている。しかし、過去から未来への流れのなかだけで、物事が起きているのだろうか。もしかしたら、直線的な時間のなかで物事は起きていないかもしれないではないか。

原因があって結果がある「因果」という概念があるが、因果関係という構造自体が破綻することがこの宇宙にはある。だから多くの科学者を含め、どう解釈すればいいか困ってしまうのだ。

シンクロニシティを説明する「原型」論

シンクロニシティを理解するのは難しいかもしれない。ではこう考えるのはどうだろうか。たとえば、**ある現象が起こる前には、前兆として現れる現象が必ず存在する**のである。時間が直線的でなければ、未来に起こる現象は、過去にも影響を与える。それは何かのシグナルやタイプとして出現する。すると、大きな現象が起こる手前（過去）に必ず現れる「型（タイプ）」があって、その型の意味合いを知れば、未来がわかるという仕組みだ。

そう考えると、おみくじやタロットカードの占いに意味が出てくる。それは一種の未来からのシグナルであり、タイプである。この仕組みのなかでは、たまたまめくったタロットカードの意味合いが、未来に現れてくるのだ。

これは次のようにたとえることもできる。空を見上げただけでは、風がどの方角に向かって吹いているのかはわからない。しかし、旗や風見鶏《かざみどり》があれば、みえない風の向きが可視化される。同様に、将来起こる現象の前兆が、おみくじやタロットカードによって可視化されるのである。

このタロットカードに出てくる濃縮した意味合いのことをユングは、心理学の土俵にのせて「原型（アーキタイプ）」と呼んだ。

このアーキタイプの理論でいけば、たまたま選んだ国名、たまたま選んだ国旗、たまたま選んだ元号など、すべてが未来の予言へとつながる可能性が開けてくる。その国のいま起きている運命は、神話のなかで預言されているという現象も起きるわけだ。神話のなかに未来の「原型」が現れるのである。未来と、神話の原型が共鳴するような現象が起こる。神話の原型が未来に向かって増幅される、もしくは未来と共鳴したり、未来に投影されたりするのである。型があって、広がって、現象界に現れてくる、あるいは意味だけが連鎖するような現象である。

ユング自体は、それを人間の心を説明するモデルにも応用して、問題を解決するための手掛かりにしたわけである。

ユングは、人間の心の奥底には集合無意識のようなものがあるという。それは**世界中の神話や民族伝承を集めた「総合意識体」「総合情報体」とも呼べるようなもの**であり、**そこから上がってくる意識や情報がいまの自分の心の動きに影響を与える**。それは無意識的に起こる現象なので、知らず知らずのうちに今度は大衆が過去で起きたことと同じような出来事を社会のなかで繰り返すことが起きるのだ。その相互関係をつくり出す大本・根本が集合無意識であるとユングは考えた。

人が無意識のなかで共有する歴史的、社会的、生物的部分が集合無意識だと位置づけた。この説に従えば、**歴史上の有名な事象は集合無意識に刻まれているため、何度も繰り返されること**になる。

その例を挙げると、たとえば、一一八三年の「木曽義仲《きそよしなか》の倶利伽羅《くりから》峠の夜戦」と紀元前二一七年の「ハンニバルの火牛の計《かぎゅう》」であろうか。

もともと「火牛の計」は、春秋戦国時代の紀元前二八〇年ごろの中国で、斉の将軍・田単《でんたん》がおこなった、牛の角に刀や剣を巻きつけ、尻尾《しっぽ》に葦《あし》を結びつけて火をつけ、牛を暴走させ敵陣に送り込む計略のことだ。それから六〇年以上過ぎた紀元前二一七年、イタリア半島に侵入したカルタゴ（アフリカ北部にフェニキア人が建てた植民都市）の名将ハンニバルが、ローマ軍に包囲されて苦境に陥ったときに、カリクラ峠で同様の戦法を使って、ローマ軍の包囲を突破することに成功した。源平合戦のさなか、源氏の一門である木曽義仲も倶利伽羅峠で同じ作戦を用いて、圧倒的に不利な情勢を覆し、平氏の軍勢を撃破したとされている。また、この戦法は、北条早雲《ほうじょうそううん》が一四九五年に小田原城奪取に成功した奇襲戦でも有名だ。

火牛の計が繰り返されたこと自体は、そう不思議なことではない。効果のある戦法なら何度でも使われる可能性が高いからだ。しかし、不思議なのは、窮地《きゅうち》に立たされたハンニバルと木曽義仲がこの戦法を使った場所が、一つはカリクラ峠であり、もう一つは倶利伽羅峠であることだ。「カリクラ」と「くりから」はあまりにも似すぎていないだろうか。

合戦についていえば、「敗北」というシンクロニシティもある。人類の歴史をみると、「北に敗れる」というシンクロニシティがあるのである。そもそも、負けた戦いを敗北といい、勝ち（正しい方向）を教え示すことを指南というのはなぜだろう。

有名なのは、一八六〇年に始まったアメリカの南北戦争だ。北軍と南軍の戦力はほぼ拮抗《きっこう》していたが、先に北に攻めていった南軍が文字どおり敗北した。そのちょうど一〇〇年後の一九六〇年に始まったヴェトナム戦争は、圧倒的に有利と思われたアメリカ・南ヴェトナム政府軍が、徹底したゲリラ戦で抗戦した北ヴェトナム軍に太刀打《たちう》ちできなくなり、長い戦闘の末、事実上敗北している。

名将ハンニバルを擁《よう》したカルタゴも、アルプス越えで北から南にローマ帝国を攻めたときは善戦したが、結局は北のローマには勝てなかった。イタリア、エジプトなど南部戦線で功を上げ、一九世紀初めのヨーロッパを席捲《せっけん》したフランスの皇帝ナポレオンも、北のロシアに向かって進軍したが、冬将軍の前に完全な敗北を喫した。一六世紀のスペイン無敵艦隊は、エリザベス一世が君臨するイギリスに北上した海戦で、イギリス艦隊に壊滅的な打撃を被《こうむ》り大敗北、制海権を失った。

もちろん、敗北とは「北に敗れる」という意味ではなく、この場合の「北」は背中を向ける、背を向けて敗走するという意味だ。しかし同時に、「北極星信仰」「妙見信仰」にみられるように、北という方角には、**人間の意識のなかに「神聖にして侵すべからず」というイメージが刻まれている**のも確かだ。中国では、帝居や天子は北辰《ほくしん》（北極星）にたとえられ、歴代王朝の皇帝の椅子は必ず南を向いていたという。

その**神聖な方角である北に向かって攻めることは、無意識のうちに畏《おそ》れのような感情を呼び起こし、侵攻にブレーキがかかるのかもしれない。**いずれにせよ、北に攻めると負けるという神話は、原型として人々の集合無意識の底に刻まれ、現象界でも繰り返されるのだ。

「超能力」現象との共通点とは

それは、人間の心の内側と外側の関係でもみることもできる。

たとえば、暗示で体の調子が良くなったり病気が良くなったりすることがある。それを医学界では、暗示効果とか、プラシーボ（偽薬）効果という。そういう現象は確かに存在する。でもどうしてそうなるかは、よくわかっていない。ただそういう現象があるということを認めただけで、そのメカニズムは「謎」という言葉のなかに放り込まれて、長い年月が流れた。

だがもし、人間の心の内側のイメージや意志やパワーのようなものが、ほぼ同期して現象として外側に現れてくることが実際にあるとしたら、どうだろうか。それを超能力と呼ぶ人もいる。「曲がれ！」と思ったら、手にもったスプーンが曲がる。スプーン曲げで知られる超能力者ユリ・ゲラー（一九四六年〜）がテレビ番組で「動け！」と念じただけで、それを視聴していた家で、これまで何年も押し入れに入れたまま動かなかった時計の目覚ましが突然鳴り出す。このようなケースは当時たくさん報告された。たまたま手にもった古時計の油があたたまって動いたのだという手品師らの意見ですべてが片づくものではない。

これまで、こうした現象は因果律に則《のっと》って、一部の電子工学者らからは額からエネルギーが出て物質に影響を与えたのではないかなどと考えられてきた。しかし、これらの現象はシンクロニシティが引き起こしている可能性もあるのだ。

　実際、シンクロニシティの名づけ親本人であるユングも、不思議な現象を何度も経験している。一八九八年、二三歳のとき、家の外の庭にいると、家のなかから突然ピストルが発射されたような音がした。何だあったのかと駆けつけると、食器棚のなかのバスケットに入れていたナイフの刃が四つに割れていた。その数日後、今度は直径一三〇センチの丸テーブルが突然、「バーン」という音と共に割れたのだ。

　当時ユングは、際立った霊媒的能力をもった女性を被験者として使おうと考えていた。その矢先にナイフが割れるなどあり得ない出来事が続けて起こったのだ。ユングはその折れてばらばらになったナイフの写真を、後に当時超能力性を研究していたデューク大学のライン教授に「証拠」として送っている。

　一九〇九年三月には、師弟関係にあったユングとフロイトが決定的に対立する〝偶然〟が起きた。オカルトを否定してユングを非難するフロイトに対して、ユングは激しい怒りを抑えつつ、反撃の機会をうかがっていた。だが、怒りのあまり、彼が横隔膜《おうかくまく》のあたりに何かが熱くこみあげてくるのを感じると同時に、部屋の本棚のあたりで大きな「パシン」という音が鳴り響いた。自分の感情の高まりに共鳴したように、音が鳴り響いたのだ。

　ユングは、この現象が内面と外界の共鳴の実例であるとフロイトに詰め寄った。しかし、科学合理主義者のフロイトは、「馬鹿なことをいうな。ただの偶然じゃないか」と、取り合わなかった。これに対して、ユングが「それならみていてごらんなさい。もう一度同じことが起こるから」というと、もう一度銃声のような鋭い音が鳴り響き、フロイトは激しいショックを受けたのだという。

このような超常現象についてユングは、ライン教授に次のような書簡を送っている。

「難しい点は、どのようにそういった事柄について語ったらいいかではなく、どうしたらそれについて語らないでいられるかだと思っています。人間の『新しいものに対する恐怖』は大変なもので、自分の理性を失わないために、人は自分を混乱させるような人間を常に狂人として片づけたがるものです。本当に人に何か良いことを教え込もうと思ったら、そういった偏見は絶対避けて通らなければならないのです。以上が、私がなぜ自分の体験について多くを語らないかという理由です。もしそんなことをすれば、近代科学の世界は大混乱に陥ってしまいますから」

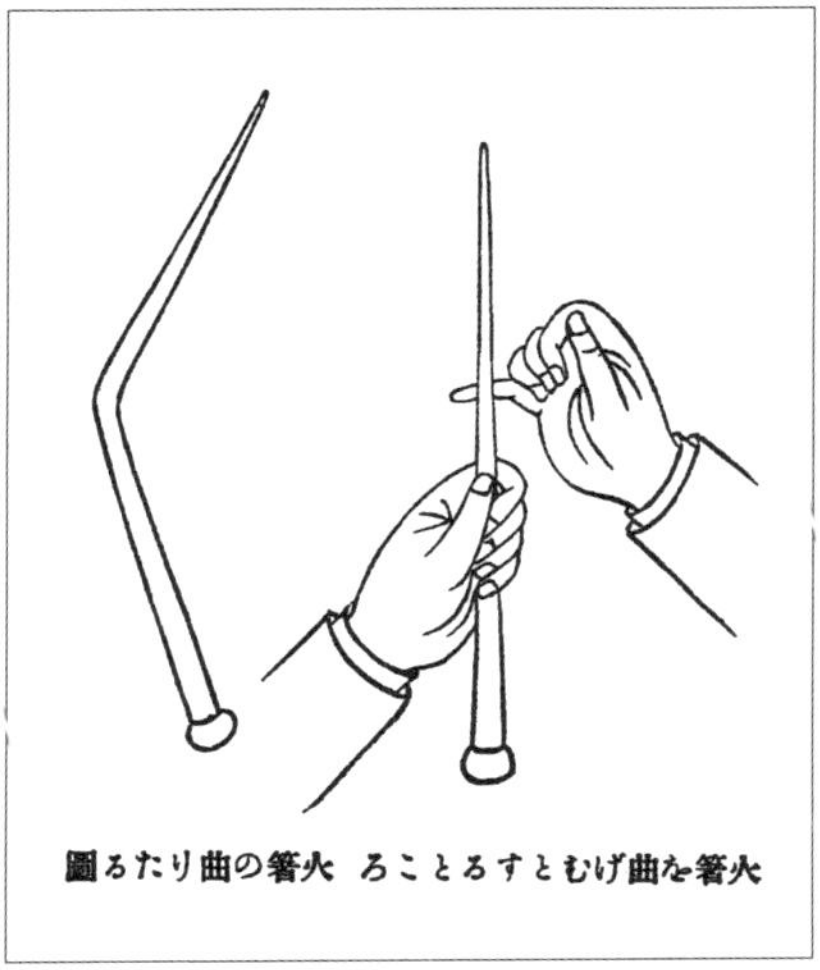

図5　曲がった火箸の図（桑原俊郎『精神霊動・全』より）

ユングだけではない。日本でも心と物質が呼応するシンクロニシティ現象を研究した人がいる。外側の物理現象が人間の心のなかの思いに反応して起こるサイコキネシス（念動力）の研究である。明治期の霊術家・桑原天然《くわばらてんぜん》（本名・桑原俊郎：一八七三〜一九〇六年）だ。

桑原は静岡師範学校（現在の教育系大学に相当）の漢文の教師をしていたころ、催眠術に関心をもち、実験・研究に専念するようになった。そのなかで桑原が、催眠のかかった人に金属製の火箸《ひばし》を渡して、「これは柔らかいから、小指でこすっただけで曲がる」と暗示をかけたところ、被験者はいとも簡単に火箸を小指でこすって曲げたという記録を残している（図5）。実は、金属曲げは日本で最初に記録されていたのである。

もちろん、こうした超常的な現象のすべてがシンクロニシティで説明できるとは思えない。手品師のトリックもごまんとあるだろう。だが、きわめてシンクロニシティに似通った現象であることも認めざるを得ないのだ。

古代人はこの現象の存在を知っていた

これらをみていくと、ある型になる小さな現象があって、それがこれから起きる大きな現象の起こり様、有り様に関連している、あるいは共鳴・同期している現象をシンクロニシティと呼んでいいのではないだろうか。

人が何かをイメージする。そのイメージが、その人の周りの堅固な物質に影響を与える。心と物質（体）が連動していると考えれば、心のなかに描かれたイメージが、肉体の健康や強固さに影響を与えることが当然起こり得るのだ。つまり、同じような病に対して、「大丈夫だ。治る」というイメージを繰り返しもった人と、もたなかった人の間には差が起きてくるのである。医療関係者は、それをただの「暗示」というだけで具体的な説明を避けてきた。

この現象は、もしかしたら、我々がもっている時間とか、空間とか、物質という概念を根底から覆《くつがえ》す可能性を秘めているのである。我々がもっている既存のパラダイムの外側にある可能性が非常に高い。定義しにくい理由はそこにある。シンクロニシティを唱えたユングの研究者でさえ、それを定義することは非常に難しいと口を揃えていっている。

一方、日本では古来「雛型《ひながた》」という発想があった。予兆的、前兆的に、ある社会的出来事や人間関係のなかで起きる出来事のもと（雛型）になるような現象が、どこか小さなところで起こるというのである。

たとえば、日本には古くから伝わるご神事というものがある。これは占いに近い儀式である。釜に五穀（米、麦、粟、豆、黍《きび》または稗《ひえ》など）を入れてつくったおかゆに竹筒を突き刺すという神事がある。突き刺した際、そこに五穀がいくつ入っているかで、吉凶、未来を占うのである。そのときに、たとえば豆が一つも入っていなかったから、これは何か異常な事態が起こるのではないか、ということを予言する。

そもそも、突き刺した竹筒に米の数がいくつあるかということと、将来の災害とか人災とかは関係しているはずがないにもかかわらず、このような神事は古来おこなわれてきた。しかし、関係していたという事例が多いからこそ、いまでもこのような神事が続いているのではないだろうか。

これが「占う」という儀式の根底にあるものである。雛型として占うとは、まさにこのことなのだ。

占いは古くは中国からきたものだと思われるが、この技術は日本でも独自に発達した。たとえば、対馬《つしま》列島には亀卜《きぼく》という占いがある。亀の甲を焼き、できた裂け目の有り様でシンクロニシティの様子をみて、予兆的に未来の事象を当てるのである。これがよく当たるので、全国にも広がった。日本最古の占いともいわれる。皇室でおこなわれる大嘗祭《だいじょうさい》の儀式に使われる斎《さい》田《でん》も亀卜で選ばれた。

古代からあったとされる鳴釜神事《なるかましんじ》では、釜の上に蒸籠《せいろ》を置いてそのなかに米を入れ、蓋《ふた》をのせた状態で釜を焚《た》いたときに鳴る音の強弱・長短等で吉凶を占っている。一般に、強く長く鳴るほど良いとされ、現代においても、岡山市の吉備津《きびつ》神社などでおこなわれている。

歴史ある神事や占いの背景にあるシンクロニシティ

大衆を惑わす愚かな迷信が広がってしまうことは数々あったが、一〇〇〇年単位の年月のなかでは、事実に基づかない迷信は消えていく。あるいは、繰り返し、暗示づけや動機づけをされない限り消えてゆくのだ。ところが、細々とずっと長く続いていることには、やはり意味があるといわざるを得ないのではないか。

長く考えさせるだけの体験的な事例が実際に起こり続けたということではないだろうか。その意味こそ、シンクロニシティなのである。生き残った占いや神事があるのは、シンクロニシティという現象があるからにほかならない。言い換えれば、長く続いてきた神事や占い、伝統、儀礼は、まさにシンクロニシティによって根づいてきたといえるのだ。

占いや神事の背景には、最初はおそらく、そういうことが読める直感的な人がいたのだと思われる。陰陽師《おんみようじ》であるとか、巫女《みこ》や審神者《さにわ》がそういった人々だ。少なくとも彼らは呪術者であると思われていた。彼らはまた、事象のあり方を正確に記録する研究者であった可能性もある。陰陽師とされる安倍晴明《あべのせいめい》も天文学の博士であった。天体の動きを読み取りながら、未来に起こる現象を知ったことは十分に考えられる。

ルネサンス期のフランスの占星術師ノストラダムスは、予言者としてあまりにも一方的に騒がれすぎたが、実は当時、数理的なことに精通している有名な医者であったことはあまり知られていない。彼ももしかしたら、原型（アーキタイプ）を読み取ることで未来を予測したのかもしれないのだ。ある歴史のなかの原型的な出来事が、周期的に繰り返されるというようなシンクロニシティ現象を知っていたのかもしれない。

戦後間もない昭和二〇年代、旧文部省が迷信調査協議会を発足させ、人文科学や自然科学の学者らを使って全国の迷信の実態を調べさせたことがあった。目的は科学的根拠のない迷信を科学的考察によって炙《あぶ》り出すことだったが、調査報告書は図らずも、当時の日本において、シンクロニシティがいかに生活に根づいていたかを浮き彫りにするものであった。日本はつい数十年前までは、シンクロニシティ大国であったのだ（巻末250ページ表3参照）。

実際、当時の人たちは七割以上が「虫の知らせ」などの超常現象を信じていたとの報告もあったと聞いている。

アメリカの新旧大統領をめぐる「ありえない偶然の一致」

この世界には、意味がないとは思えない、さまざまな偶然と思えるような事象が、まるで「神の意志」であるかのように発生する。それを昔の人は体験的に知っていて、後世に伝えるため、ことわざや迷信、風習や伝統のなかに記録として残したのである。いまふうにいえば、「都市伝説」として切り捨てられそうになっている事例の一部もその一つであろう。

たとえば、アブラハム・リンカーンとジョン・F・ケネディという二人の米大統領の間に存在する偶然の一致は、有名な伝説としていまも語り継がれている。リンカーンとケネディにはちょうど一〇〇年違いの共通点がいくつもあるというのである。

リンカーンは一八四七年に初めて下院議員になったのだが、ケネディはちょうどその一〇〇年後の一九四七年に下院議員に就任した。そして二人が大統領に当選したのが、リンカーンが一八六〇年、ケネディが一九六〇年で、これも一〇〇年の差。暗殺こそ一八六五年と一九六三年で一〇〇年差のジンクスは破られているが、暗殺後の後任の大統領となった副大統領の名前はどちらもジョンソンという名の南部出身の政治家であった。しかも、リンカーンの後を継いだアンドリュー・ジョンソン大統領が生まれたのは一八〇八年、ケネディの後を継いだリンドン・ジョンソン大統領が生まれたのは一九〇八年と、ちょうど一〇〇年の差がある。まるで数字によって事前にすべてが決まっていたかのような偶然の一致だ。

数字以外にも、二人は大統領選挙期間中に斬新な形の公開討論会をおこなった点（リンカーンの場合は公開討論の事実上の始まりであり、ケネディの場合は初めてテレビで公開討論が生放送された）、黒人の人権問題に深く関わった点でも似通っている。また、国が南北に分かれる戦争（リンカーンは南北戦争、ケネディはヴェトナム戦争）にも深く関わったことでも知られている。

語り継がれたわけではないが、過去に語られたことが未来で実現するような、未来予言的なシンクロニシティも存在する。

一九八九年に公開されたアメリカ映画『バック・トゥ・ザ・フューチャー　PART2』では、ドナルド・トランプがモデルだというビフ・タネンという男が、偶然手に入れた「未来のスポーツ年鑑」を使って競馬で儲けて大富豪になり、世の中を牛耳《ぎゅうじ》るようになったという設定になっていた。まさかそのトランプが二八年後に、本当に大統領になって権勢を振るうようになるとはいったい誰が想像しただろうか。

アメリカで二〇〇〇年三月に放送されたテレビアニメシリーズ『ザ・シンプソンズ』でも、

シンプソン家の長男バートが未来の世界を覗《のぞ》くことができる〝窓〟を手に入れ、二〇三〇年の世界をみたところ、トランプ大統領が在任期間を終えたところだったという設定であった。まるで「トランプ大統領」は、二〇年以上前から決まっていたかのような「偶然の一致」である。

偶然だけでは説明できない不思議現象

このようにいうと、単なるこじつけであり、最初から予言されていたわけではないのではないか、と訝《いぶか》る声もでてくるだろう。

確かに、数多くある「ノストラダムスの予言」の解釈本も、読んでみるとこじつけが多い。そのなかには「フランス語を日本語読みにするとこうなる」という解説本すらある有様である。そもそも世界は三〇〇〇年代まで続くとしたノストラダムスの予言を曲解して、一九九九年で終わると解釈したのはなぜなのか、いまでもまったく理解できない。

しかしながら、一九九七年に日本では山一證券が倒産、北海道拓殖銀行も同年に経営破綻して一九九九年には法人解散となるなど、金融界には「この世の終わり」を象徴するような大激変があったのは事実だ。一九九九年の前と後では、日本の金融体制はガラッと変わってしまった。ノストラダムスの予言を信じたという日本人の集合無意識が、金融破綻の連鎖を引き起こしたといえるのかもしれないではないか。

一見すると、あり得ないと思われることが、実は潜在意識に刻まれると現実化するような現象がある。そうでなければ、暗示にかかった人が、小指で鉄製の火箸を曲げることはできないはずだ。トランプ大統領誕生を二八年前に予言することも、できるわけがない。そこには、単なるこじつけを超越した、しかも時空を超えたような「意味の共鳴現象」が明らかに存在するのだ。

次ページの表は、私が選んだ衝撃度順の「シンクロニシティ・ランキング」だ。参考にしてほしい。

このように世界は、不思議なシンクロニシティという現象に満ちあふれている。次章では、そのシンクロニシティを分類して、この不思議な現象を研究してきた人類の歴史を踏まえながら、一つ一つ分析しようと思う。

世界で起きたシンクロニシティの衝撃度ランキング

第1位：大惨事を予言した小説

1912年に起きた「タイタニック号の遭難」と、その14年前に書かれた小説『タイタン号の遭難』が、船名から船が沈む状況、船の構造までほぼそっくりだった。また、事故前に多くの人が遭難の予知夢やそれを予知するビジョンをみていた。

ちなみにポーの小説でも、同じことが起きており、小説『アーサー・ゴードン・ピム』のなかで繰り広げられる事件が50年後にまったく同じシチュエーションで起き、殺された人物のリチャード・パーカーという名前まで同じだった。この話はのちにシンクロニシティー・コンテストでアーサー・ケストラー（ジャーナリスト・小説家）らによって1位に選ばれた。

第2位：事故現場と日航機の奇怪な符合

1985年8月12日に起きた「日航機123便墜落事故」の際、当時の日航機の機内誌『ウイング』では123便が墜落した御巣鷹山《おすたかやま》がある群馬県上野村の村長の記事が掲載されていた。村長は、ボーイングの戦闘機に体当たり突撃したゼロ戦パイロットの生き残りであった。

第3位：阪神大震災で起きた「5時45分」の奇跡

1995年1月17日午前5時46分に発生した阪神・淡路大震災で、甚大な被害を受けた神戸市三宮にある「5時45分」（注：傍点は筆者）という名の喫茶店は、奇跡的にほとんど被害がなかった。

第4位：名前のおかげで生存した人々

17世紀から19世紀にかけてイギリスのメナイ海峡で3回遭難事故（うち2回は同じ12月5日に発生）が起きて、いずれも唯一の生存者がいたが、その名前がみな「ヒュー・ウィリアムズ」だった。後日談で、1940年7月10日、イギリスのトロール船がドイツの機雷攻撃によって沈没、2人だけ生存者がいたが、その2人の名も「ヒュー・ウィリアムズ」だった。

第5位：次々と降りかかる災難の末の奇跡的再会

1829年10月、船員ピーター・リチャードソンを含む乗組員22名を乗せたイギリスの快速帆船マーメイド号がオーストラリアの海峡で座礁して難破、3日後に別の船に全員が救助された。だが、その2日後、その船が救助した人を乗せたまま遭難して再び別の船に救出されるなど、10日間のうちになんと5度も遭難と救助を繰り返した。5度目に救助してくれたイギリスの客船には、長年生き別れていた息子の名前を必死に呼ぶ重傷の婦人がいた。そこで医者は、同郷の人間で息子の役を演じてくれる人を探していたのだが、なんとその息子こそ、マーメイド号に乗っていた船員ピーター・リチャードソンであった。息子と再会した婦人は、奇跡的に回復した。

第6位：バルチック艦隊を破った作戦参謀の透視能力

1905年の日露戦争の最中《さなか》、日本艦隊の作戦参謀だった秋山眞之《さねゆき》は、ロシアの「無敵のバルチック艦隊」を迎え撃つべく作戦を練っていた。だが、ロシア艦隊がどのような進路を通ってくるのかわからずにいた。敵の動きが読めない秋山は悩んだ末に疲れ果てて、つい居眠りをしてしまった。すると、彼の目の前に対馬海峡が現れ、そこにロシア艦隊が2列になって進行してくるのがみえた。これを予知だと確信した秋山は対馬海峡に主力を集めて迎撃態勢を整え、無敵を誇ったバルチック艦隊を見事に撃破した。

第7位：ラッキー7の落とし穴

カナダの商業都市トロントの777番地のビルの7階に勤める7人の有能な証券マンが、1977年7月7日に7頭立ての競馬レースで、7枠の馬に777ドルを賭けたが、その結果は7着であった。

第8位：あり得ない偶然の連鎖で発見されたペニシリン

1928年、細菌学者のアレキサンダー・フレミングは勤務する病院の研究室で、ブドウ球菌の変種を培養していた。やがて夏になり彼は、培養プレートを研究室の机に山積みしたまま、7月末からバカンスに出かけた。8月末にバカンスから帰ると、培養プレートの1つにアオカビの集まり（コロニー）が発生、ブドウ球菌が溶けていた。この現象に興味をもったフレミングは、このアオカビの培養液を使って、ペニシリンを発見したのだ。しかも、この偶然の発見には、温度や湿度、放置期間、珍しい種類のアオカビの混入など7つの偶然の連鎖がなければならなかったといわれている。

第9位：幸運をもたらした一冊の本

1920年代にフランスの学生ジャンがローマのバチカンにやってきたときに、たまたま手にした図書館の分厚い本の最後のほうのページの余白に、その本の著者エミール・ド・フェブリエの署名で「ローマの裁判所にいって、この番号のついた書類を請求せよ。あなたにとって幸運が待っている」と書かれているのに気がついた。ジャンが書かれたとおりに書類を受け取ると、そこには「あなたに私の全財産を差し上げます」と書かれた遺言書があった。裁判所で管理されていたフェブリエの遺産は400万リラと大金であった。だが、イタリアの法律ではいちばん近い親族でなければ受け取れないことがわかった。そのとき、ジャンは、母親の旧姓がフェブリエであることを思い出した。そこで調べてみると、なんと母親がフェブリエのいちばん近い親族であることがわかり、ジャン親子が遺産を受け取ることになった。

第10位：強運人間チャーチルの予知能力

1941年秋、イギリスのチャーチル首相は高射砲の演習を視察した後、帰路につこうとして、待たせていたクルマの方に向かった。運転手はいつものようにチャーチルの乗り込む側のドアを開けて待っていたが、どういうわけかチャーチルは反対側のドアを自分で開けて、いつもと違う窓よりの隅に座った。クルマはそのまま走り出したが、次の瞬間、走行中のチャーチルのクルマのそばに爆弾が落ち、クルマの片側を破壊した。大破したのは、いつもならチャーチルが座っている側であったため、命拾いした。実は、チャーチルがクルマに乗り込む際、誰かが「止まれ」とささやいたので、危ないと思い反対側に座ったのだという。同様にチャーチルは、首相官邸で食事をしているときに、台所から避難するように執事に命じた3分後にドイツ軍の空爆で爆弾が台所に直撃、全員危うく難を逃れたこともあった。

2章——驚くほど多岐にわたる「偶然の一致」のパターンと特徴

現象の発生パターンとは

シンクロニシティの分類方法はいくつもある。名づけ親のユングは、シンクロニシティを三つのタイプに分類した。

第一のタイプは、出来事の一致や、**同じことが何度も起きる**場合で、これは心的な状態と外界での事象が一致するときだ。私が拾ったクリップや、私がみた渦巻きと穴の心象が、ブラックホール撮影成功などのニュースと一致した（1章で紹介）のが、このタイプに当たる。

第二のタイプは、**千里眼《せんりがん》など遠隔透視による一致**で、戦争で亡くなった息子が夢枕に立ったり、行方不明になった恋人が夢で助けを求めたりするケースがこのタイプに該当する。

第三のタイプは、**予知による一致**である。有名なのは、日露戦争の雌雄《しゆう》を決することになった一九〇五年の日本海海戦で、日本の海軍参謀・秋山眞之《さねゆき》がロシアの「無敵のバルチック艦隊」の進路と隊列を夢で予知して迎え撃ち、撃破したとされるケースだ。

以上の三つがユングの分類で、シンクロニシティの知覚方法で分けている。

確かに、このように分類することもできるが、私はシンクロニシティを別の角度から6つに分類してみた。シンクロニシティの出現・発生パターンで分類するのである。それは次のとおりだ。

雛形的シンクロニシティ〈分類1〉

これは、**小さいものが拡大して連鎖するシンクロニシティ**である。何げなく拾ったクリップがブラックホールへと拡大されるようなパターンである。クリップの渦巻きは、明らかにブラックホールと連鎖していた。これを応用したものが、占断、占術である。たまたま引いたくじや易で占った卦《け》が、未来や運命を言い当てることが起こるのだ。言い換えれば、占いをシンクロニシティでとらえなおすことが可能なのである。

易聖といわれた高島嘉右衛門《かえもん》（一八三二～一九一四年）は、シンクロニシティを読むことによって、易者でありながら銀行の頭取にまでなり、伊藤博文の指南役とも呼ばれた。当時は激変期で、リーダーたちも毎日生きるか死ぬかの世界に身を置いていたのは間違いない。いい加減なことを簡単に信じては命取りになったはずだ。それにもかかわらず、リーダーたちが高島のような易者を信じたのには、確かな理由があったのではないだろうか。嘉右衛門は「横浜をつくった男」とまでいわれており、その業績は推理作家の高木彬光《あきみつ》氏の著書『大予言の秘密　易聖高島嘉右衛門の生涯』にくわしい。

スパイラル神話型シンクロニシティ〈分類2〉

古い神話としてある物語が残っている場合は、その物語のパターンが現在においても繰り返し起こるというシンクロニシティである。**似たような出来事が連鎖的に起こるのだ。**

このパターンでは、神話の物語が起きた場所で起きたり、その場所が想起されるような場所で似たことが起きたりもする。

たとえば、すでに説明した木曽義仲の倶利伽羅《くりから》峠とハンニバルのカリクラ峠のケースだ。ケネディとリンカーンの間の奇妙な偶然の一致もこのパターンだといえる。

このほか、芸能界で何か出来事が起きたときに、その出来事の関係者の出身地で何か起きたりするシンクロニシティ現象もある。

空間的シンクロニシティ〈分類3〉

これは、**ある特定の空間にいくと、ある特定の意味づけされた現象が起きる**というシンクロニシティである。たとえばパワースポットにいくと、運が良くなるという現象だ。あまりにもありふれた発想だが、それに近いことを体験した人たちは、実に多い。

神話型にも共通するが、ある特定地域の神話に、たとえばツーリストが巻き込まれて、似たような現象を起こす場合もある。殺人事件が起きた家や現場で殺人事件が再び起きるといったようなケースがそれだ。自殺者が出た家でまた自殺が起こる、見通しが悪いわけでもない踏切や交差点で死亡事故が起こるなど、人の死が連鎖して起こるという事例には、枚挙に暇《いとま》がないほどだ。そういった場所は「ダークスポット」だとか「魔の踏切」「魔の交差点」などとも呼ばれる。

意味が邪悪か善かは置いておくにしても、空間型に連鎖するシンクロニシティは存在するのである。

この現象の特徴は、意外に思われるだろうが、日付や名前が関係してくる場合も多い。船の事故が起こるたびに、助かった人の名前が同じだったという例もある。一八五一年に出版されたチャールズ・フレデリック・クリフ著の『北ウェールズの本』に書かれているという話は次のとおりだ。

まず、一六六四年一二月五日、英国ウェールズ沿岸のメナイ海峡で一隻の船が転覆、のっていた八一人のうち一人が救助されたが、その人の名はヒュー・ウィリアムズであった。続いて一七八五年の同じ日、また別の船が転覆し六〇人の乗客が一人を除いて溺死《できし》した。その生存者の名前もヒュー・ウィリアムズであった。一八二〇年八月五日にも、船がひっくり返り、二五人のうち一人だけが助かったが、やはりヒュー・ウィリアムズという人であった。

三回とも同じ海峡で船の遭難事故が発生して、生存者は一名だけだったこと、しかも三回ともときを隔てて同じ名前の生存者であったことは、単なる偶然では片づけることはできない。

時間的シンクロニシティ〈分類4〉

空間的シンクロニシティと似ているが、**同じ日時に同じ事象が繰り返されるシンクロニシテ**

イもある。たとえば、「二十三夜《にじゆうさんや》待ち」や「庚申《こうしん》待ち」のように、二三日から二四日にかけて、日本では毎月のこの日付になると何か不思議な現象や、普段あまり起こり得ないような、確率的に偏《かたよ》った出来事が起こりやすいといわれている。二三日の夜に何か不思議な現象が発生するのを見守るというお祭りがあった。それが日本中に残る庚申信仰であり、「二十三夜待ち」という祭典だ。

しかも、当初は旧暦の二三、二四日であったが、新暦になっても、新暦の二三、二四日に不思議な現象が起きるのだ。

日本だけでなく、アメリカで「超常現象ハンター」と呼ばれていたジョン・A・キールは、世界中の超常現象の事例を調べたうえで、超常現象が「二三日」という日付に非常に深く関わっていることに気づき、本に著している。カナダ出身の俳優ジム・キャリーの主演した映画『ナンバー23』はまさにその二三の神秘を映画化したものであった。

確かに西洋文明では、「二三」に絡む特殊な事件・事故は多い。天地創造が紀元前四〇〇四年一〇月二二日の夕暮れにおこなわれ、同一〇月二三日にアダムが創造されたとする年代記が長らく信じられてきた。一六五四年に英国国教会のアイルランド大主教ジェームズ・アッシャーやケンブリッジ大学副総長ジョン・ライトフットが聖書の記述から逆算して年代記「アッシャーの年表」などを発表したからだ。

また、古代ローマの軍人カエサル（ジュリアス・シーザー）の暗殺傷は全部で二三か所であったとされ、そのシーザー暗殺を象徴している人物として知られるブルータスは、暗殺から約一年半後の紀元前四二年一〇月二三日に亡くなっている。

そのほかにもテンプル騎士団の総長の数は二三人で、ユークリッド幾何学の定義は二三個、人間の性を決定するのは第二三番目の遺伝子、古代マヤ人が信じた世界の終末が二〇一〇年一二月二三日など「二三」に絡む特異な事象が数多くあるのである。

米国の作家ロバート・アントン・ウィルソンが書いた自叙伝風の作品『コスミック・トリガー』も、同様に「二三にまつわるシンクロニシティ」をテーマとして取り上げている。

ということは、普遍的に人間が「二三」という数字を意識して、その日付が終わりそうになったり、その数字が出てきたりすると、何かそういった現象に関わってしまうというシンクロニシティがあると解釈できるのである。

航空工学者井上赳夫《たけお》によれば、飛行機事故には集中する特異日があり、それは二三日周期であるという（111ページでくわしく解説）。

実際、二三、二四日はとくに不思議な出来事がよく起こる。

一九四七年六月二四日には、アメリカの実業家ケネス・アーノルドがワシントン州レーニア山付近で「UFO」（空飛ぶ円盤）を初めて目撃したのをはじめ、UFO出現からネス湖の怪獣ネッシーの目撃まで、とにかく超常的な現象がこの両日に集中して起こるのである。宗教的な奇跡も、六月二四日のヨハネの祝日に起こるといわれている。一九八一年の六月二四日には、旧ユーゴスラビアで聖母マリアが四人の子供の前に出現して、大事件になり、日本でも報道された。

一九六〇年四月二三日、ティム・ディンスディールという人がネス湖のネッシーらしき〝生き物〟をフィルムに撮影して話題になったが、まったく同じ日に、岡山市で語学塾を開いていた安井清隆が、宇宙人からのテレパシーを受けてＵＦＯの出現を予告し、ＵＦＯ研究家でもある夫人の畑野房子と長女とともに実際にＵＦＯを目撃している。これは当時、類例のなかったトンデモないＵＦＯ事件で専門研究者も驚かされた（安井清隆事件）。日本で最も有名なＵＦＯ目撃事件である甲府事件（甲府市で、小学生がＵＦＯと「宇宙人」を目撃したと報道された事件）も、一九七五年二月二三日であった。

二三、二四日には、あり得ないことがひんぱんに起きるようだ。

数字的シンクロニシティ〈分類5〉

二三のシンクロニシティにもあてはまることだが、**生まれた日の数字がその人の運命と関連があるとするシンクロニシティ**もある。生年月日占いの原点である。占星術（天体、とくに惑星の位置や運行によって人や国家の吉凶・運命を占う術）、四柱推命（生まれた年、月、日、時間の四つの要素を干支・五行に当てはめて、その人の運命を占うもの）、紫微斗数《しびとすう》（生年月日と北極星を主とする星の配置を基にして個人の特性やめぐってくる運勢を占う命占術）などいろいろある。

もっとも、生年月日を使う占いの多くは悲しいくらいに科学的根拠がない。よく統計学だとか、ユング心理学をもち出して説明する人もいるが、それはほとんど嘘に近い。生年月日占いの正しい統計はないし、ユングも肯定しているのではなくて、占星術が人を分類するためのきっかけになるという視点でみているにすぎない。ユング学派の人たちはよく占星術をもち出すが、それは「何座の人はこうこうといわれていますが、あなたはどう思いますか」という質問で使うことが多い。射手座の人の性格はこうだ、とかムリに当てるために占星術は使っていない。

だが、数秘術や数霊《かずたま》、名前の画数をアルファベットに直すこととか、その数に相対して占う方法によって得られる数字が、得てして非常に重要な未来と関係していることがよくあるから、不思議である。迷信が迷信でなくなるような体験をする人が後を絶たないのが実情なのだ。

科学的な根拠はまだわからないが、なぜか運命とシンクロすると感じたり、実際にそういう体験をしたりする人は極めて多い。だからこそ、占いがなくならないのだ。

もちろん、あまりにも信じるがゆえに、あらゆる数字を妄想的に結びつけて考えてしまうのは問題だ。統計学で説明しようとするのも無理がある。それでも、生年月日と運命を結びつけるシンクロニシティが存在することも否定できない。

そうしたシンクロニシティを経験するからこそ、意味ある偶然やジンクス、縁起担ぎ、占いはなんとなく無視できないと感じる人が多いのだ。

生まれた星座と交通事故の関係

（愛知県警が発表した2015年と2016年のデータから作成）

- **おひつじ座**：追突事故が多いので、わき見運転に注意。
- **おうし座**：速度出し過ぎの事故が多発。スピードの出し過ぎに注意。
- **ふたご座**：自動車事故率第３位。帰宅途中の事故が多い。ただし歩行中の事故や、自転車乗車中の事故は最も少ない。
- **かに座**：二輪車での事故と、シートベルト未着用での事故が最多。
- **しし座**：飲酒運転での事故が12星座中最多。お酒に注意。
- **おとめ座**：一時停止せずの事故が最多。飲酒運転での事故が上位。
- **てんびん座**：女性の自動車事故が最多。
- **さそり座**：深夜の単独事故が多い。歩行中の死亡事故率第３位。
- **いて座**：12星座中、最も自動車事故が少ない。ただし午前中の事故が多いので、注意。
- **やぎ座**：みずがめ座に次いで２番目に交通事故で亡くなる人が多い。ただし、飲酒運転での事故は少ない。
- **みずがめ座**：交通事故での死亡者数は、12星座中最多。常に運転に気をつける必要がある。
- **うお座**：高速道路での事故が最多。飲酒運転での事故も上位。

愛知県警が「十二星座別の交通事故の特徴」をまとめ、どの星座生まれの人がどのような事故を起こす可能性が高いかを明らかにしたら大反響があったのは、その表れであろう。

生まれた星座と事故の関連に興味があるのは、なにも日本だけではない。カナダの保険関連会社も、一〇万人のドライバーの事故件数などを生まれた星座別に分析、特定の星座と事故の種類に関連があるという調査結果を発表している。米コロンビア大学では、一七〇万人の病歴が収められた医療データベースを精査したところ、ある種の病気と生まれ月には相関関係があるという研究結果を明らかにしている。

ある意味、シンクロニシティは超常現象的なカテゴリーから卒業できる唯一のテーマであるのかもしれない。別の言い方をすれば、シンクロニシティの研究を進めることにより、人類が翻弄《ほんろう》されてきた運命の法則から、宇宙に存在するあらゆる根本原則に至るまで、そのメカニズムを解く糸口がみつかる可能性があるのである。

物質のシンクロニシティ〈分類6〉

物の素材がシンクロニシティと関係がある場合もある。

我々の先祖は石器を使っていた。石を道具にしていた。その際、特定の石を選んで使っていた傾向があることがわかっている。チャート（珪質《けいしつ》の堆積岩《たいせきがん》の一つ）や黒曜石《こくようせき》、それに水晶やメノウだ。

彼らはそれらの石を優先的に使っていたが、不思議なのは、それらが決して加工しやすい石ではないことだ。もっと加工しやすい石はほかにたくさんあるし、また動物の皮を剝《は》ぐなど当時の彼らの用途を考えると、強固な石である必要もなかった。それなのに硬い石を使っていたのには、彼らなりのこだわりがあったはずだ。

アメリカの先住民や、イギリスの太古の先住民の石器を比べてみても、なぜか同じような材質の石を生活に使っている。そのこだわりは、その石のもつ力を使った呪術性に彼らが着目していたことからきているように思えてならない。

とくに日本の場合は、「石」と「自分の運命」を結びつけて、特定の石を選んでいたように思われる。現代人がいうところの「パワーストーン」である。

その結びつけの根拠も、アカデミズム科学のパラダイムのなかではまたよくわかっていない。それでも、それが縄文時代においては一万年以上続いたのだ。それだけ長い間続いてきたのは、そこになんらかの関連性があったからではないだろうか。

そうした先人たちの知恵は、現在でも生き続けている。彼らは鉱物や植物といったモノに触って、そばで感じて、そして自分の周りで起きる事象や、ひいては自分の運命との関連を知ったのだ（巻末229ページ表8、227ページ表9参照）。

では、どのようなモノをもつと、どのような運命を引き寄せたり、人生に誘《いざな》われたりするのであろうか。それは第六章で詳しく説明することにする。

3章——科学の常識を超える「メカニズム」が見えてきた…

シンクロニシティ的思考の歴史と現在

私たちの文明や文化は、モノのシンクロニシティ、とくに土や石のシンクロニシティの研究から始まったといえなくもない。

たとえば、人間は火を使う。熱くて怖いものだが、火を焚《た》けば動物はこない。ムカデなどの節足動物やダニも火に近づかない。その現象を研究・分析することによって、火を利用・管理する文化を考えた。彼らの好奇心は、火の熱さ、怖さ、火を起こすことの大変さを超えるくらい強く、同時に彼らは高度な分析能力をもっていたのである。

そこで彼らは、生活雑器の土器に、縄のような模様を刻むとどうなるかを観察したのではないだろうか。そして、ある特定の模様は、なぜか元気になるとか、運が良くなるということに気がついたのだ。あるいは、ある模様の土器に水を入れたら、神々《こうごう》しい力が宿ると考えたのである。

このような感覚は世界中にあったと推測される。しかも呪術的なものであると考えられて、広く利用されてきた。宗教学ではミルチャ・エリアーデ（ルーマニアの宗教史家。一九〇七〜一九八六年）、民俗学ではジェームズ・ジョージ・フレイザー（イギリスの人類学者。一八五四〜一九四一年）が指摘しているとおりである。とくにフレイザーは、『金枝篇《きんしへん》』という名著にまとめあげて、原始宗教や呪術性、儀礼、神話、習慣を紹介している。

つまりかつては、シンクロニシティ的世界は当たり前だったのである。

では、なぜシンクロニシティ的考え方が、近代において影をひそめ、そう考えるのが難しくなったのだろうか。それには明白な理由がある。

それは、科学がある時期から、「誰がやっても同じこと」「いつやっても同じこと」だけが科学的だとして、そのような枠組みをつくってしまったからだ。科学が〝真実〟を認める場合に、再現性という条件をつけた。科学と認める真実とはこういうものだという定義をつくったのだ。実証主義万能の時代が訪れた。

だが、実証主義がはびこると、皆なんでも批判するようになり、疲弊《ひへい》して、ぎすぎすしてくる。その結果として、すべてのものの喜びや輝きが消えていっているように思うのは、私だけだろうか。

シンクロニシティを起こす心理状態と、唯物論のみをみた実証主義は、残念ながら相容れないものだ。少なくとも、目的を失った批判主義や原理主義は、シンクロニシティを起こす意識状態をつくることを妨げている。

実証主義では、謎は解明できない

私も大学院で、批判主義の世界で学んでいた時期がある。その間は、それ以前に比べると、本当にシンクロニシティが起きなかった。スピリチュアルなイメージも湧いてこなかったし、啓示のような現象も激減した。

最初は論文のどこを批判したらよいかまったくわからず戸惑ったが、そのうち批判主義の精神が身につき、批判的実証主義は一生学ぶべきだと思うようになった。しかし、やがて大学に根づいた批判主義や実証主義によって失われたものにも気づいた。

目的に至るための批判主義も当然、必要なときは多々ある。だが、それがすべてではないはずだ。時には宇宙的な思索や、数字では割り切れない心の重要性を感覚的に再確認することの方が、はるかに重要であることもある。自分の周りに現れてくる現象を、非常に謙虚に、偏りのない目で観察することが大事なのである。

要は、なんのための批判かを厳しく批判することではないか。「批判は科学的でカッコイイ」はインターネットのなかなどでもよく見受ける傾向であるが、心に寄り添えないコミュニケーションが亡国に導くことを心しなければならない。

偏った批判主義や実証主義が多くの能力ある人の才能や未来を奪ってきたことは、紛れもない事実だ。「超能力があるというのなら、いまこの場でスプーンを曲げてみろ」という、心に寄り添わない、悪意すらある実証主義によって、どれだけ多くの能力者が傷つき、消えていったことだろうか。

超能力的なものは存在するのである。しかし、ユリ・ゲラーが〝念力〟でスプーンを曲げたからといって、すべての人がスプーンを曲げられるわけではない。曲げられる人もいれば、曲げられない人もいる。曲げられる人でも、いつでも曲げられるとは限らない。

ここに落とし穴があった。「誰もができるはずだ」という理由で、スプーン曲げはエネルギー伝達系で説明できると考えてしまったことだ。超常現象をエネルギーで解明しようとする動きが強まったのだ。しかし、**どんなに調べても、超常現象や超能力はエネルギー伝達系では説明できなかった**のである。

エネルギー伝達などの実証的研究が、社会の考え方の基準となっており、とくにいまの社会では、エネルギーが非常に大きな価値基準となっている。人間の体の動きさえ、カロリーで測るようになっているのがそれを裏づけている。あたかも世界を「自己も何もかもすべてエネルギーで測らなきゃ！」といっているかのようである。

時空を超えて発現する「エネルギー伝達ではない力」

こうした単純な計測実証主義が、見落としてきたものがある。とくにエネルギー理論においては、ほとんどの地球上のエネルギーは、「エネルギー不変の法則」で成り立っていて、エネルギーは伝播《でんぱ》されていくものだと思い込んでいる。無からエネルギーが生じることはないのだ、と。この考えが問題なのだ。

この理論でいくと、私が何か頭のなかで思った風景が写真に写るとしたら、つまり念写できるとしたら、私の頭から「念写波」のようなものが出て、印画紙やフィルムを感光させるのだということになる。

しかし、これでは人間の心と外界の間で起きるシンクロニシティを説明することはできない。一時期、一九八〇年代から九〇年代にかけて、「気」をエネルギー伝達系で説明しようとした試みはあった。ソニーまでが、本社にエスパー研究室を設けて、気の研究に励んだ。だが結果として、エネルギー伝達性がある「気」は、ほとんどその実在を証明することができなかった。たとえば、手を大きく広げて、被験者の背中を見続けて、その他人の動きを自由自在に操る気功師と、その被験者の体の間には、なんのエネルギーの交換も物理的関連性も認められなかったのである。

では、何があるのかというと、現象の証明にはなっていないが、昔からあるシンクロニシティ的な現象――たとえば気功師が、自分に背中を向けて離れた場所にいる人に「気の縄」を手でつなげて、後ろに引っ張ると、その人が引っ張られ、押すと前につんのめるといったような現象――は、エネルギーの伝達ではなく、**物理的な距離や時間を超越した、同調とか共鳴に似た現象なのではないかと考えられるようになった**のだ。

そう考えると、地球の裏側にいる人に自分の考えや思いが瞬時に伝わるというテレパシー現象も起こり得ることになるのである。

かつてＩＳＬＩＳ（イスリス＝国際生命情報科学会）という公的機関が、日本でテレパシー能力があるとされる人たちを集めて、別々の時間に、地球の裏側にある自閉症の子供たちがいる施設に向かって、その子供たちが快活に活動しているというイメージをテレパシーで送らせる実験をしたことがある。その結果、非常に顕著な、有意な結果が出たのだ。明らかにその送信された時間に、子供たちの行動に変化が起きた、と報告されている。

このように**テレパシーは、超能力的ではあるが、シンクロニシティ的でもあるのだ。物理的な距離や時間を超越、短縮した、あるいは時空をねじったような現象がある**のである。

なぜそんなことができるのか――。量子論での仮説はあるものの、原理はまだわかっていない。だが、我々の身近な生活のなかで、こうした現象は常に起きている。おそらく幽霊やＵＦＯの目撃などよりも、その件数ははるかに多いはずだ。

歯の抜ける夢の2か月後に起こる大地震

私は永らく研究仲間たちと、世界的なシンクロニシティをウォッチしてきた。私は、夢の分析サイトを立ち上げて、何千万件もの夢を分析して、夢と社会的事象との関連性を調べてきた。すると、明らかにある特定の夢が、特定の社会事象の前に増加することがわかったのである。大きな社会的事象が発生する、だいたい二か月前に人々の間に特定の夢を見る割合が増えるのだ。二か月前にその事象を象徴するような原型的な夢が現れる。

たとえば、**歯の抜ける夢や歯に関する夢が増えた場合、二か月後に大きな地震がくる**ことが多い。というのも、歯は主に揺らぐことのないものを表すシンボルであり、原型でもあるから

2006年～2019年（上半期）の夢の上位20位

2013	2012	2011	2010	2009	2008	2007	2006
クルマ	クルマ	クルマ	クルマ	クルマ	クルマ	クルマ	クルマ
家	家	トイレ	家	家	家	トイレ	トイレ
トイレ	トイレ	家	子供	子供	子供	仕事	仕事
子供	子供	子供	トイレ	人	人	学校	子供
水	水	水	人	トイレ	水	服	水
手	仕事	仕事	仕事	友達	トイレ	海	雪
電話	死	人	水	水	仕事	子供	階段
虫	友達	海	友達	虫	服	雨	海
お金	手	手	虫	手	学校	お金	犬
人	海	虫	手	仕事	犬	犬	赤ちゃん
海	虫	友達	犬	犬	海	家	電話
死ぬ	彼氏	服	海	芸能人	友達	逃げる	逃げる
仕事	電車	犬	赤ちゃん	学校	電話	電車	風呂
電車	人	赤ちゃん	死	死	逃げる	水	家
彼氏	好きな人	好きな人	服	お金	猫	階段	学校
服	服	芸能人	電話	海	虫	赤ちゃん	電車
友達	犬	地震	芸能人	服	赤ちゃん	人	お金
好きな人	赤ちゃん	電話	死ぬ	彼氏	雪	電話	歯
犬	芸能人	学校	学校	電話	お金	自転車	自転車
赤ちゃん	電話	知らない人	お金	赤ちゃん	階段	バス	買い物

だ。歯はそんなに簡単に抜けたり生えたりしない。その歯が揺らいだり抜けたりする夢をみるということは、潜在意識が、歯が象徴する土台とか土地、財産が揺らぐような事態が迫っていることを事前に察知している可能性が高いのである。

　そのほか、学校、職場、クルマの夢をみる人は多い。とくにクルマは、夢に出るアイテム（シンボル）ランキングで歴代一位を何回もマークしている。面白いのは、自動車業界が不祥事などで叩かれるようになると、その前の年にクルマの夢をみる人が少しだけ少なくなり、一位から陥落することが

	2019（上半期）		2018	2017	2016	2015	2014
1位	5984	トイレ	トイレ	トイレ	トイレ	トイレ	クルマ
2位	4324	クルマ	クルマ	クルマ	クルマ	クルマ	トイレ
3位	3271	芸能人	芸能人	好きな人	家	家	家
4位	2976	仕事	好きな人	芸能人	好きな人	仕事	子供
5位	2879	好きな人	仕事	家	芸能人	芸能人	海
6位	2846	家	家	仕事	仕事	好きな人	仕事
7位	2778	犬	犬	犬	犬	子供	芸能人
8位	2549	猫	虫	子供	キス	海	友達
9位	2266	子供	猫	海	友達	犬	電話
10位	2203	キス	子供	キス	セックス	友達	犬
11位	2183	セックス	キス	猫	海	キス	死ぬ
12位	2141	虫	セックス	セックス	子供	セックス	お金
13位	2128	海	海	虫	電車	死ぬ	虫
14位	2118	電車	赤ちゃん	電車	猫	虫	キス
15位	2063	火事	電車	赤ちゃん	虫	電話	水
16位	2017	赤ちゃん	逃げる	逃げる	元彼	電車	好きな人
17位	1924	お金	お金	電話	逃げる	赤ちゃん	電車
18位	1922	友達	友達	お金	赤ちゃん	逃げる	セックス
19位	1880	逃げる	電話	友達	電話	お金	赤ちゃん
20位	1820	バス	バス	バス	お金	母	母

〈2019（上半期）〉は1～5月中旬の件数。

あることだ。その後、クルマの夢の数が停滞することもある。

クルマは、運命や人生そのものを象徴するアイテムであることが多い。とくにわが国ではクルマは繁栄を司る移動手段であり、未来へと進む乗り物という意識がどこかにあるのだろう。必ず、トップ3には入っている。

意外なことに、よくいわれる性的な夢は少ない。その一方で想像以上に多いのは、現実的な、学校や職場での夢だ。おそらく六割強の夢が、現実の出来事の練習や復習をしているというケースが多いのではないだろうか。

時々、とんでもないアイテムが

2019年上半期の夢の上位50位と主な出来事

月	1月		2月		3月		4月		5月	
総計		155130		134446		137839		127099		40914
1	トイレ	1682	トイレ	1304	トイレ	1282	トイレ	1276	トイレ	440
2	クルマ	1221	クルマ	953	クルマ	1024	クルマ	861	芸能人	268
3	芸能人	888	芸能人	751	家	719	好きな人	686	クルマ	265
4	仕事	768	仕事	712	芸能人	717	家	673	好きな人	236
5	家	719	犬	685	犬	691	芸能人	647	仕事	227
6	犬	710	猫	633	好きな人	689	仕事	629	虫	158
7	キス	650	好きな人	623	仕事	640	犬	555	猫	153
8	好きな人	645	子供	593	猫	616	猫	532	電車	151
9	猫	610	家	589	火事	585	子供	499	家	146
10	セックス	586	セックス	518	電車	530	キス	479	バス	146
11	海	569	虫	484	虫	518	虫	470	セックス	146
12	逃げる	552	電車	475	海	516	セックス	458	海	139
13	赤ちゃん	545	赤ちゃん	461	友達	515	海	447	子供	137
14	お金	542	火事	457	子供	503	赤ちゃん	439	赤ちゃん	137
15	子供	534	海	457	キス	495	友達	436	犬	137
16	電車	528	キス	455	セックス	475	電車	434	事故	131
17	火事	523	友達	432	お金	464	火事	395	元彼	129
18	虫	511	お金	409	バス	452	バス	394	電話	127
19	地震	474	地震	406	逃げる	439	逃げる	389	キス	124
20	バス	456	電話	394	地震	438	お金	388	逃げる	122
21	電話	448	階段	387	赤ちゃん	435	事故	383	お金	121
22	友達	426	逃げる	378	電話	401	元彼	374	雨	121
23	自転車	419	バス	372	元彼	394	電話	369	自転車	117
24	学校	401	知らない人	357	人	372	地震	366	人	116
25	元彼	392	水	342	雨	366	水	328	地震	114
26	水	334	元彼	341	自転車	353	雨	322	友達	113
27	人	380	自転車	329	事故	346	階段	305	階段	110
28	妊娠	357	人	323	水	336	怒る	302	ハムスター	107
29	知らない人	354	事故	316	手	335	知らない人	299	エレベーター	107
30	階段	350	裸	298	歯	320	エレベーター	292	裸	106
31	事故	346	母	288	エレベーター	317	泣く	291	火事	103

※「母」と「母親」は実質同じであるが、集計の都合上、別キーワードとして扱っている。

	・竹下通りでクルマ暴走、8人負傷 ・熊本で震度6弱 ・大間のマグロ、3億3360万円＝豊洲初競り ・仏ルノー、ゴーン会長「解任」 ・吉田沙保里が引退表明＝レスリング女子 ・大坂なおみ、全豪テニス初制覇		・北海道で震度6弱 ・はやぶさ2、「りゅうぐう」着陸成功 ・天皇陛下、在位30年式典 ・米朝首脳、合意できず＝非核化と制裁解除で溝 ・紀平、宇野が初優勝＝四大陸フィギュア ・競泳の池江選手、白血病を公表		・日産自動車前会長のゴーン被告保釈 ・清原和博さんが依存症イベントに＝事件後初めて公の場 ・4月に入れ替えダブル選＝大阪知事・市長が辞職願提出 ・ピエール瀧容疑者を逮捕コカイン使用容疑 ・イチロー引退、日米通算4367安打 ・羽生2位、チェンが世界最高点で連覇＝世界フィギュア ・訃報 内田裕也さん 萩原健一さん 北尾光司さん		・新元号は「令和」 ・ピエール瀧被告が保釈 ・政府、24年に紙幣デザイン刷新 ・第19回統一地方選 ・強制不妊救済法成立 ・ゴーン被告が再保釈 ・ノートルダム大聖堂で大火災 ・日本人1人死亡＝連続爆弾テロ—スリランカ ・ウッズ、14年ぶりV5 ・訃報 ケーシー高峰さん モンキー・パンチさん 小出義雄さん 遠藤ミチロウさん		・新天皇即位 ・トランプ大統領来日 ・川崎で無差別殺人、2人が死亡 ・元農水次官が息子を刺殺 ・訃報 京マチ子さん ドリス・デイさん	
32	雨	342	歯	287	階段	317	自転車	274	妊娠	101
33	雪	341	手	284	靴	315	手	268	職場	100
34	エレベーター	334	雨	283	同級生	290	人	266	探す	95
35	歯	313	エレベーター	277	神社	286	魚	263	蛇	92
36	靴	309	学校	273	旅行	285	蛇	262	水	91
37	職場	307	蛇	272	魚	285	妊娠	257	歯	91
38	裸	305	靴	268	知らない人	280	裸	256	遅刻	90
39	母	305	同級生	264	写真	276	雪	250	魚	89
40	手	303	雪	263	雪	268	学校	248	泣く	89
41	掃除	295	死ぬ	262	怒る	265	写真	245	腕時計	88
42	怒る	288	ウサギ	259	泣く	260	探す	241	上司	85
43	蛇	288	怒る	258	川	259	髪	237	ホテル	84
44	魚	286	川	257	血	258	同級生	232	風呂	82
45	服	281	お風呂	254	妊娠	256	母	228	知らない人	81
46	川	280	職場	250	死ぬ	244	部屋	225	怒る	81
47	死ぬ	273	魚	249	探す	244	職場	225	川	79
48	探す	272	泣く	243	職場	241	母	221	同級生	79
49	旅行	272	部屋	241	裸	236	夢	221	部屋	74
50	同級生	272	血	240	花	233	飛行機	219	名前	74

※数字は報告された件数

ランキング上位に上ってくることもある。その多くは、テレビ番組で取り上げられたり、CMで話題になったりしたものだが、なかにはまったく理由がわからないアイテムが上がってくる場合もある。すでに説明した歯の抜ける夢がその一例だ。表にはないが、それは日本だけでなくて、たとえばタイのプーケットで大きな地震と津波があった二〇〇四年のスマトラ沖地震のときにも、その前に歯の抜ける夢の数が上昇した。つまり当たり前だと思っていた土台が崩れることと、歯が抜ける夢は、明らかにシンクロニシティを起こしているのである（巻末243ページ表4でも解説）。

外界で起こる事象が夢と連動していることは、古代の人も感じていたし、わかっていた。『古事記』や『日本書紀』を読むと、それがよくわかる。崇神《すじん》天皇の時代には、飢饉《ききん》などの災害を鎮めるときや、誰を次の天皇にするかを決断するときに、夢の内容を分析して人事を決めたことが記されている。

夢は心の状態を示す鏡のようなものだ。心の状態が外界の事象とシンクロニシティ現象を起こすことは、周知の事実であったのである。

一体、人はどのような夢を多くみるか、主なアイテムにどのような意味があるのかを巻末243ページ表4にまとめたので、ご覧になってほしい。

歯と地震が連動しているのならば、我々の体の部分それぞれが何かと連動している可能性がある可能性もある。

体の「内」と「外」、時間の内側にある「いま」とその外側にある「過去」と「未来」――。シンクロニシティは「内」と「外」の垣根を取り払う性質をもっているのである。

さらにシンクロニシティは、境辺で起こりやすいという性質もある。どういうことかというと、たとえば1から13まであるトランプのようなカードを用意して、裏返しにして横一列に並べたとする。どのカードがどの数字かを当てようとするときに、列の両端にあるカードが当たりやすくなるという法則があるのだ。一方、真ん中にあるカードは当たりにくい。中央よりも、端――。つまり**境辺にシンクロニシティが起きやすくなるのである。それを「境辺効果」と呼んでいる。**

それと同じ現象で、視野の端の方でかすかに気になっているものが、シンクロニシティを起こしやすいという性質もある。逆に、激しく意識化してじっくりみたものは起きにくいのだ。メカニズムははっきりとはわかっていないが、境辺や視野の端の方が、より潜在意識とつながりやすいという性質があるのかもしれない。

シンクロニシティはコントロールできる

シンクロニシティはコンロトールできることも最近の研究でわかってきた。たとえば、一般のセンシティブ（特別に敏感体質）な人を連れてきて、段ボールの中身が何かを透視させる実験をする。あらゆる計測器にかけて、その人の体から何か「透視波」のようなものが出ているかどうかを調べても、当然、何も出てこない。

それでも、何人かに一人、正確に中身を当てる人が出てくる。今度はその人に、赤と白とか、赤と青色の紙で包んだ段ボールを使って実験をすると、的中させることができなくなるのだ。的中率を低下させる最強の色は、赤、青、白で包んでしまうことであった。

つまり、赤と白、赤と青の重ね紙で、その内側に置かれた情報と外側に置かれた情報のシンクロニシティが起きにくくなる。色を使って、シンクロニシティを発生しづらくすることができるのである。材質は関係ない。金属や布を使っても同じような結果となる。

発生を抑制できるということは、コントロールも可能だということだ。

ただし断っておくが、この場合、色がエネルギーを阻害しているわけではない。色が別のシンクロニシティを発生させて、透視をできづらくさせているのだ。

色だけではない。白一色の紙にペイズリーや唐草《からくさ》模様など何か複雑な模様や図形を描いたり、複雑に折った紙を張りつけたりしても、起きにくくなる。

こうした現象を利用したケースは、日本でも古くからあった。「おりふ（折り布）」といって、プレゼントに複雑に折った方形の紙を熨斗《のし》のように添える風習がそれだ。あるいは水引で結んだ結び目をつけるのだ。そうすると、直感的に中身を類推することができなくなる。そのことを古人は知っていたのではないだろうか。

このような研究は、かつては超能力研究に紛れ込まされて、十把《じっぱ》一絡《ひとから》げにして「怪しいモノ扱い」にされてきた。そのため、シンクロニシティの法則性は、生活のなかで応用できる面が多々あるにもかかわらず、おざなりにされていた感がある。いまだにシンクロニシティは、他分野の最先端の量子論とかいくつかの物理学のモデルと関わっていると思われるのに、なんら実証されていないというのが現状だ。

このケースでは、実証される可能性は十分にある。実生活の間では長い間、こうすればシンクロニシティを起こしやすくなる、あるいは起こしづらくなるという知恵が積み上げられ、語り継がれてきているからだ。これまでは、それを呪術的として切り捨ててきた。または意図的に隠してきたのが実情ではないだろうか。

景気の浮揚も可能?! 現象操作の無限の可能性

面白いことに、これまでの人類の歴史をみると、権力を握ったり、富豪になったりして、あらゆる方面から情報を集められるようになった人たちの多くは、この呪術の研究、すなわちシンクロニシティの研究にはまっていた形跡がある。メディチ家のフランチェスコ一世(一五四一～一五八七年)は錬金術に熱中し、莫大な富を使ったとされているが、ではその錬金術とはなんだったのか。人間の成長とシンクロする不思議な実験研究だったといわれているが、具体的にはわからない。

ユングも、錬金術のことを人間の精神性を完成させるアーキタイプ(雛型)だとして注目していた。

日本でも呪術の研究に没頭した研究家は多い。呪術をさまざまな生活に応用したと主張する呪術師は、大正時代には七万人はいたという研究もある。彼らは霊術家とかまじない師と呼ばれた。だが、おそらく彼らは、自分たちがやっている呪術的なことが、なぜ不思議がられるのかさえ、わかっていなかったと思われる。当時は、それほど当たり前なことであったのだ。というのも、彼らの呪術は昔から民間でおこなわれてきたことの集大成にほかならなかったからだ。

この「不思議な呪術」が近代になり、ユングによってようやく名前が与えられた。それがシンクロニシティであったのだ。

そのユングも、いまではかなり批判されている。その批判される理由は、ユングは実証主義的ではないということと、一時期ナチス絡みの病院で働いていたという経歴によるものだ。ユングはいろいろな意味で嫌悪されて、「彼は心理学者ではない」と、心理学界からも事実上追放されている。彼は精神分析家とか哲学者扱いされている。

しかしながら、ユングの提唱したシンクロニシティという概念自体が色褪《あ》せたわけではない。そういう現象があるということを公にし、わかりやすくした功績は大きい。いまや、乃木坂46の歌のタイトルになるぐらいに大衆にも浸透している概念だ。

とくに日本では、ユング派を継承した河合《かわい》隼雄《はやお》（一九二八〜二〇〇七年）の存在がある。文化庁長官を務めるなど、日本における分析心理学の普及・実践に貢献した。

その背景には、日本人が、いろいろな意味で、シンクロニシティに関心をもちやすい国家的意識をもっている、ということがいえるのかもしれない。

呪術的とされたものを、あまり厳しく批判せずに、生活のなかで楽しみの一部として受け入れる素養が日本民族にあったのではないだろうか。それはギリシャ生まれのイギリス人で『怪談』『心』『霊の日本』などを書いた小泉八雲《やくも》（一八五〇〜一九〇四年。前名ラフカディオ・ハーン）やアメリカの天文学者で日本研究家のパーシヴァル・ローウェル（一八五五〜一九一六年）ら西洋人が認めている日本人の資質でもある。日本には呪術的なものに長らく親しんできた文化性が存在するのである。

それができる文化というのは、ゆとりのある文化であるといえるかもしれない。アイルランドやイギリス、フランス、ロシア、中国などもこうした文化に親しんできた。アメリカ大陸にも、ネイティヴ・アメリカンといった先住民の間には、連綿と続いている文化だ。

これに対して、こうした文化とは決別して、実証主義的に生きることを主張しているグループも存在し、それが近代のアメリカでは強くなっているように思われる。そのアメリカの姿勢に、日本のアカデミズムも寄り添うようになってしまったという構図がある。

実証主義や批判主義がはびこったいまの社会の行き詰まりをみると、もしかすると、シンクロニシティを研究することによってなんらかの打開策を生み出せるのかもしれないと思えてくる。ひょっとしたら、あらゆる対策を講じても一向に高揚しない経済が、何かちょっとしたシンクロニシティを応用することによって、飛躍的に活性化するかもしれないのだ。

その意味で、個々の運命をよくするためにシンクロニシティという現象に取り組むことは、決して無駄ではないはずだ。

世界はいまシンクロニシティが最も起きやすい、物質世界と精神世界が激しく交錯する時代、あるいはユングのいうところの「結び目」(物質界と霊的世界の事象をつなぐ起点)に差し掛かっているように思う。これからは、改めて精神主義的になっていくはずである。逆にそれが強くなってきているからこそ、恐れも大衆の意識のなかに出てきており、表層的には社会は実証主義的なものを求めるようになる。

まさにそのせめぎ合いをしているのが、いまの世界の現状なのである。

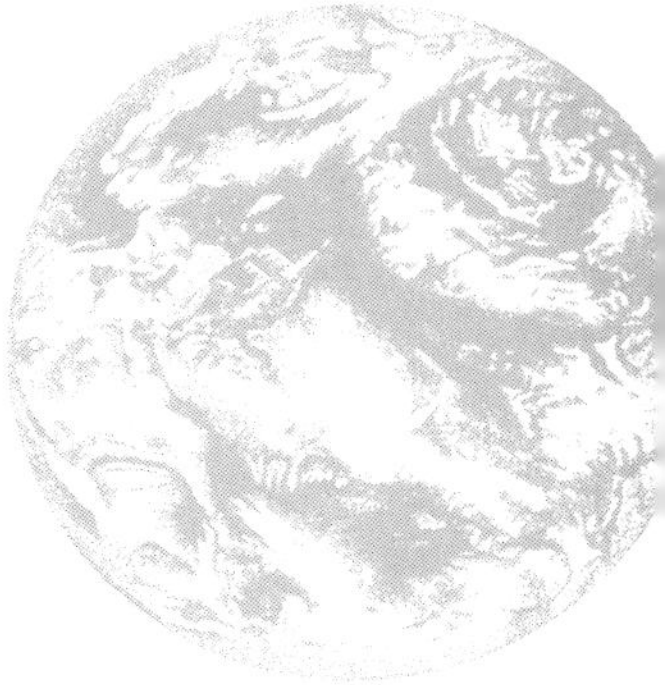

4章

「人間の意識」と共鳴し時空を超えて発現する意味

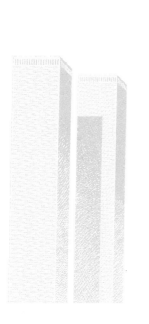

現象の発現を検証した画期的実験とは

シンクロニシティのメカニズム・原理を考えるうえで大事なのは、そもそもエネルギー伝達系の現象ではない、ということを理解することだ。

それは、長い間シンクロニシティを研究した超心理学や超常現象研究が具体的な結論を出せなかったこととも大いに関係がある。多くの学者が、エネルギー伝達系だと信じて仮説を立てて実験をしたが、説明できなかったからである。実験当初は、エネルギー伝達系であるかのような、非常に類似した現象が起きるが、いざ測定しようとすると、被験者や、被験者と物体の間で物理的なやり取りが見受けられなくなるのだ。

シンクロニシティは、生体間の現象であれば、何か錯覚や暗示が介在しているかのように起こる。だが、人間と、形、色、数字、日付、シチュエーションといった外界の出来事との間で起こる場合は、エネルギー伝達現象の枠を超えて発生する。そこには、思い込みであるとか、錯覚であるとかという説明すら通用しない、スケールの大きい世界がある。

その不思議な世界について、最近よく使われる説明は、プリンストン大学のロバート・ジャン教授らが提唱した「場の意識」説だ。**人間の意識がつくる「場」が物に影響を与えるというのである。**

ジャン教授は一九七九年、「プリンストン変則工学研究所（ＰＥＡＲ）」を創設、乱数発生装置を製作して、人間の意識が電子的な動きに影響を与えることがあるのかどうかを研究した。

この乱数発生装置は、電子のノイズや素粒子（量子）のトンネル効果（非常に微細な世界にある粒子が、古典的には乗り越えることができない障壁を、量子効果により乗り越えてしまう現象）を利用して、乱数データを発生させる装置だ。これを使えば、何か人の心に影響を与えるような特別なイベントがあった際、乱数分布の偶然期待値（偶然によって支配される出来事において本来あるべき値）からどれだけ偏差（逸脱）するかを調べることができる。

わかりやすくたとえよう。本来ならサイコロの1が出る確率は六分の一だ。ところが、何か大きなイベントがあった場所なり時間なりに、サイコロの確率に統計上意味のある逸脱があるかどうかを検証すれば、人の心と物（装置）のつながりが目でみえる形で明らかになると考えたわけである。

果たして人の意識は、量子に影響を与えることなどできるのだろうか。

ＰＥＡＲは当初、ＰＫ（サイコキネシス。いわゆる念力）を働かせ乱数発生装置に影響を与える実験を繰り返した。すると、被験者が念じた方向に乱数がある程度偏るという結果を得ることができた。

しかし面白いのは、被験者に二、三分間乱数発生装置にＰＫをかけさせ、続く二、三分間休憩させたところ、その被験者が休憩時間も乱数発生を測定していたことは知らなかったのにもかかわらず、休憩時間の乱数発生装置の出力だけが有意に大きな偏りを示したことであった。

図6　9.11テロ当日の乱数出力の分散値の変化

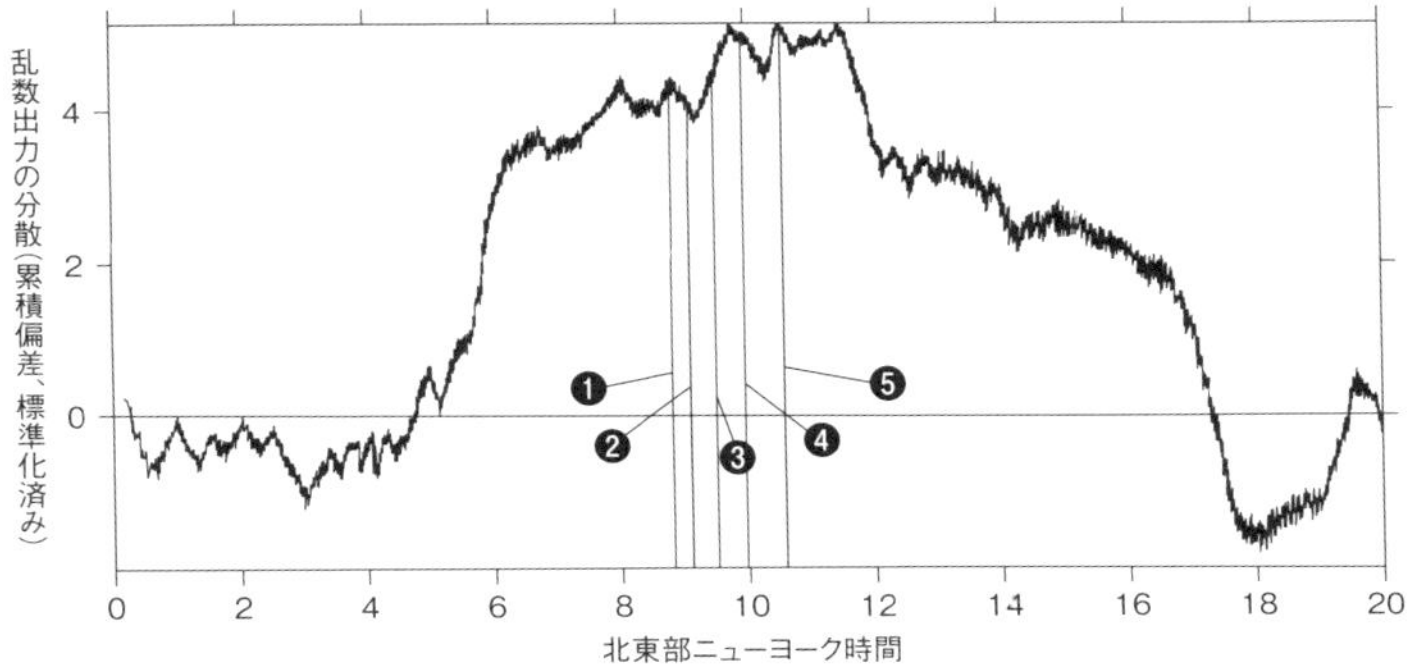

❶1機目のツインタワー北棟への激突＝午前8時46分
❷2機目のツインタワー南棟への激突＝午前9時03分
❸ペンタゴン本部ビルへの激突＝午前9時38分
❹ツインタワー南棟の倒壊＝午前9時59分
❺ツインタワー北棟の倒壊＝午前10時28分

つまり意識せずにリラックスしていたほうが、機械の数値に〝異常〟が現れたわけだ。

最初は懐疑的な学者も多かった。だが、ジャンの実験を追試したところ、被験者の意識と外界で起こる現象に実際に相関性があることがわかったのである。

たとえば、超心理学者のディーン・ラディン博士は、人々の無意識が乱数発生装置に影響を与えているのではないかと考え、人々が集まって瞑想するワークショップや、ラスベガスのコメディー・ショーに乱数発生装置を持ち込んだりして、乱数発生器の測定をした。すると、乱数分布の偏りが大きくなることがわかった。

どうやら、人々が大勢集まって、陽気に騒いでいるときや親密さに満ちた一体感を感じているときに偏差値が大きく変動するようであった。

私たちの研究でも、祭りの場で強力な変動を測定している。

同様に機械と心の共時的関係に惹かれたプリンストン大学工学部のロジャー・ネルソン教授は一九九七年、場の意識がその場に置かれた乱数発生装置に影響を与えるなら、地球規模でも同様な現象が起きるのではないかと考え、「地球意識プロジェクト」と名づけられた実験をスタートさせた。ネルソン教授らは、世界各地に乱数発生装置を設置して乱数を記録、その偏りと地球規模の出来事との関係を調べたのである。

その結果、たとえば二〇〇〇年の年明けにおいて、それぞれの乱数発生装置が設置されたタイムゾーンの乱数の分散（ばらつきの度合い）は、世界中の至るところで午前零時の瞬間に急降下した。このことは、それぞれの地域で年明けの瞬間を期待する人々に応じて、乱数出力が同調・同期したことを意味していた。

そして極めつきが、9・11テロのときであった。その日、ありえないような極端な変動が観測されたのである。しかも、ジェット機突入の三時間前に、世界中の乱数出力の分散値はほぼ垂直に上がり始め、約二時間前に一度目のピークを迎える。そして約一時間前には、二度目のピークに向けての急激な上昇が記録され、まさにテロ発生の数分前に三度目のピークが現れたのだ（図6）。そしてこの日の変動は、二〇〇一年に測定されたどの日の変動よりも明らかに大きかった。人類の集合無意識は9・11テロの発生を予知し、しかも機械に影響すら与えていたと考えられるのである。

シンクロニシティが起きやすくなる「ゾーン」とは

この現象を説明するモデルとしては、シンクロニシティは時間と空間を超えた特性をもつということである。とくに過去から未来に流れると考えられている時系列が通用しない現象が起きるのだ。時系列を超えて発生する。

さらにいうならば、サイクル性があることだ。実は宇宙空間で地球が回転して元の位置に戻るように、シンクロニシティ現象自体も、半ば周期的に同じ場所で同じ形、性質の出来事を起こそうとして戻ってきている節がある。９・１１テロ以降、五年ごとに一一日に大きな事件・事故が発生したケースや二十三夜待ちのようなケースだ。

つまり、「歴史は繰り返す」というが、何か大きな事件が歴史に刻まれると、その型がらせん状に繰り返すという現象が起きるのだ。ＤＮＡの二重らせん構造のような構造がこの世界にはあって、そのみえないらせん構造のなかに我々が組み込まれているのではないだろうか。

私の仮説では、半ば規則的、定期的に、そのような確率が偏りやすい状況がこの世界に現れる。そのとき、そこに誰かが特定の数字・キーワードを意識していたり、ある特定の神話、繰り返されやすい出来事や感情を意識したりしていると、その人間のなかにあるさまざまなビジョンが、その「らせん」にのっかって増幅、もしくは共鳴のような現象を引き起こし、その雛型やパターンが突如社会に現れる。

たとえば、第一章の31ページで取り上げた「渦巻きと穴」のイメージで説明しよう。

潜在する集合的無意識から意味ある情報が上がってくる。一方、外界の事象からシンクロしてシンボルや情報群が出現する。そして、その内界と外界の情報が、観察者の一点に結実する。

この場合は、シンクロニシティの本を書くと決めてから、潜在意識のなかで必要な意味ある情報（クリップ、渦巻き、穴）が心象として現れる。一方、外界の事象としてクリップが気になるようになり、あり得ないような場所で実際にクリップをみつけるようになる。さらには、ブラックホールの撮影成功のニュースや、ノートルダム大聖堂の火災などが発生して、心象と外界の映像が一致する。そして、そのことを書くことにより、シンクロニシティの本を出版することとなって現象が結実したことになるのである。

いうなれば、私がその「渦巻きと穴」というイメージを意識したときに、そのイメージを象徴するような出来事が引き寄せられて現象化するのである。しかしながら、私が「渦と穴」のイメージを認識したから、ブラックホールの撮影が成功したり、タイガー・ウッズが復活優勝を遂げたり、ノートルダム大聖堂が火災になったりするわけではない。そこには**因果関係はなく、ただ完全に時空を超えて、過去、現在、未来という「らせん状構造物」のなかで同時に、同じような意味とシンボルだけが共鳴するような現象が発生する**のだ。

別の言い方をすると、シンクロニシティが起きやすい「場」が、らせん的に我々の前に現れてくる。そして過去に刻まれた神話的パターンが繰り返される。ただし、らせん的であるために、キャラクターが変わるなど少しずつ異なるバージョンでパターンが再現されるのである。

そう考えると、科学的な発明や発見も、シンクロニシティと関係があるように思えてくる。面白い発明があるときは、科学的な発見も多くなるからだ。それが集中的に発生する時期があって、人類の歴史のなかで半ば周期的に現れる。スポーツ選手がよくいうところの「ゾーン（リラックスと集中が同時に起き、最高の実力が発揮できる意識状態）に入る」わけだ。

人間の潜在意識がある種のらせんモデルに入って、意識にシンボルが出てくると、現象が喚起されるのだ。

「潜在意識に沈んだ情報」と「夢」の関係

ではなぜ、そのシンボルをみる人とみない人がいるのだろうか——。実はみな、そのような情報を潜在意識の状態ではもっているのだ。それがみえないというのは、潜在意識の情報をきちんと得ているかどうか、顕在意識化できているかどうかの違いでしかない。

その違いがわかるように、我々の深層意識の構造（図7）を使って説明しよう。

普段、我々が使っている顕在意識がいちばん上にあるとして、その下に急に狭くなるところがある。これは個を認識するためのフィルターのようなもので、マンホールの入り口のような穴である。

その細いパイプの下に潜在意識の領域があって、もっと底の方に向かうと、末広がりに広が

図7　深層意識の構造のイメージ

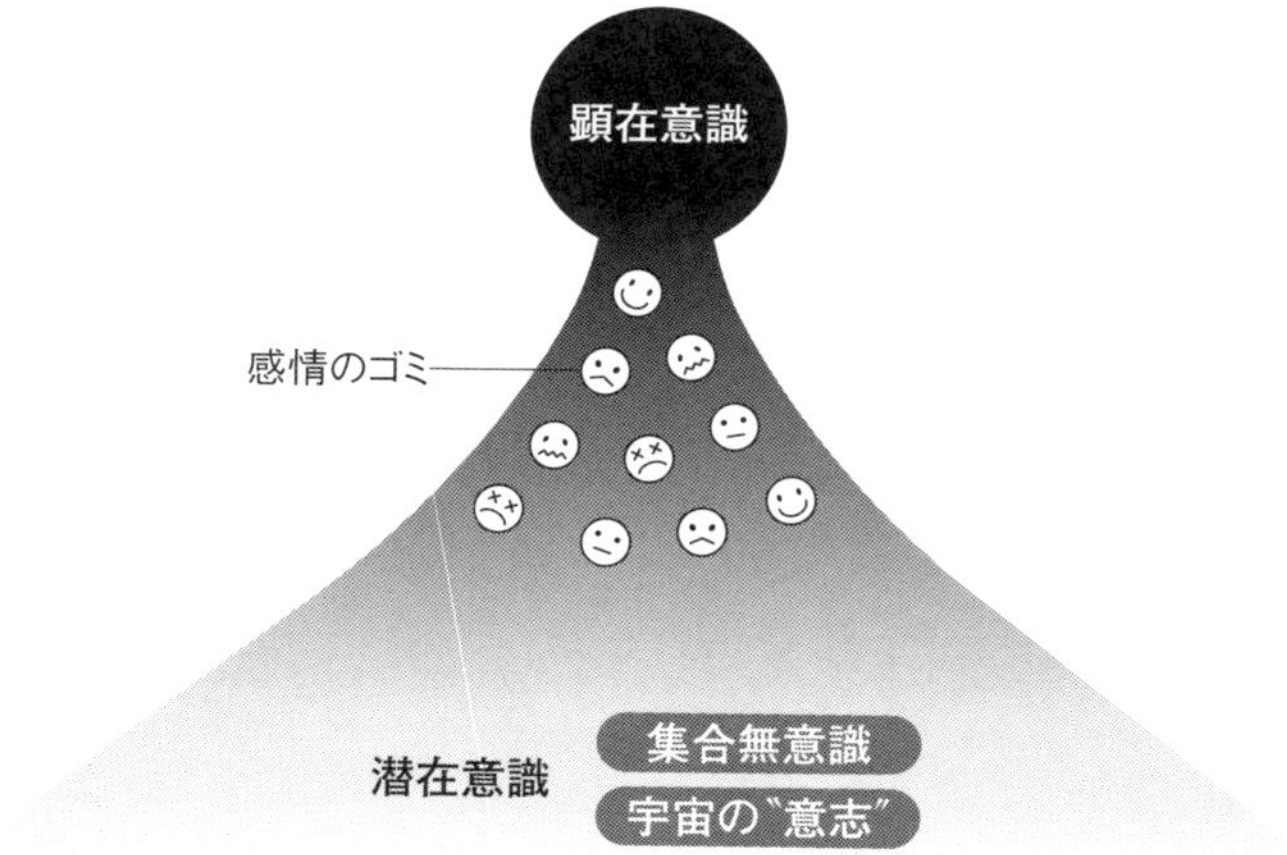

ってゆく。いちばん底の方では、他者の意識や自然界、時空を超えた宇宙などあらゆるものとのつながりをもった領域がある。つまり、私たちの潜在意識の奥底では、ありとあらゆる情報とつながっているわけだ。

この深いところの情報が、私たちの寝ている間に、まるで泡が一粒一粒、水の表面に浮かび上がるように静かに上に上がって、認識できる意識の方に近づいてくる。一方、覚醒《かくせい》しているときには上の方にある**私たちの顕在意識のカーソルが、眠っているときには潜在意識に近い穴の入り口辺りか、時にはもっと下の潜在意識の領域にまで下がるので、情報が受け取りやすくなる**のだ。

寝ているときにみる夢で、いろいろ役に立つ情報を得ることができるのはこのためだ。

ところが、ここには三つの障壁がある。一つは徳利の首のように狭くなった辺りの下側には、私が「感情のゴミ」「サイキック・マッス（塊）」と呼ぶ、強い感情と結びついた記憶情報が、それこそゴミのように浮遊していることだ。とくに人間は防衛本能が勝っているためか、嫌なことの方が記憶情報として残る傾向が強い。それらは、マイナスの感情がいくつも刺さって食い込んでいる記憶情報である。

そのため、せっかく潜在意識から浮き上がってきた純粋な情報が、「感情のゴミ」と絡まることにより、正しい情報が失われたり、歪《ゆが》んでメッセージを拾ったりしてしまうのだ。感情のバイアスがかかったり、おかしな物語として編集されてしまう、ともいえる。

二つ目の障害は、顕在意識側にある。夢は、そのときの体の状態にも左右されるからだ。たとえば、重たい布団で寝たときに、家の下敷きになって動けない夢をみたり、寝ていてトイレにいきたくなったりしたときに、トイレにいっている夢をみたりする場合が、この例である。このような障害が招く夢は、ちゃんと精査して分ける必要がある。

三つ目の障害は、徳利の首のように狭くなったところがあることからわかるように、潜在意識の広がりのなかにある膨大な情報を送るには容量に限りがあるということだ。そこでその手前のところに一種の「夢の編集室」とでも呼ぶべきものがあり、弱い出力でも情報を上に上げられるよう、膨大な物語や複雑な情報をシンボル化して圧縮、編集し直しているのだ。言い換えれば、でき上がった製品では積載制限があるので送れないため、シンボルという小さな部品にして送るわけである。

ここで注意することは、夢においては、物語性よりもシンボルを重視しなければならないということだ。

潜在意識の底には、ある種の〝意思〟がある。それは「非常に深いところにある自分」といってもいい。その〝意思〟が、意識の裾の方から上がってきた情報を表側の意識、つまり顕在意識が知ることが必要であると判断したときに、あぶくのように情報を押し上げようとする。それを「夢の編集室」でシンボルに変換して伝える仕組みだ。

そのときの編集のパターンは八つあり、それが八卦《はっけ》と呼ばれるシンボルとしての形象である。八つのパターン同士の組み合わせで六四の卦を導くことができる（巻末223ページ参照）。基本的にそれらを「陰」と「陽」に分解して「部品」として送ることも可能だ。「0」と「1」だけで複雑な計算を瞬時に成し遂げるスーパーコンピュータのような仕組みが、そこにある。

後は、「感情のゴミ」に絡むバイアスを可能な限り除去しながら、正確にシンボルの意味を読み解けばいいだけなのである。

集合無意識が生み出すモンスター目撃情報

このように、潜在意識の深いところからの大切な情報を顕在意識に送るシステムが夢のシンクロニシティだ。そして、人類の集合無意識の深いところからの重要な情報を人類に伝えるシステムが、より大きなレベルのシンクロニシティということになる。

未来に何か大きな事件があるとき、集合無意識はそれが近づくと興奮して騒ぎ出す。同時に、集合無意識が興奮すると、あり得ない世界を引き寄せて、偶然性をどんどん偏らせていく。つまり、想念や意識が物質に影響したり物質化したりするような、あり得ない確率の事象が起こり始める。9・11テロの前に乱数発生装置が異常値を記録したのはこのためだ。

より極端なケースでは、ある特定の地域で大きな事件があるときに、事件が発生する前にその地域の周辺で謎の怪物が出現するなど、あり得ないような現象が頻発したという記録もある。リチャード・ギアが主演したアメリカ映画『プロフェシー』でも取り上げられたが、一九六七年のアメリカで、クルマのラッシュアワー時に州をまたぐ大きな橋（シルバーブリッジ）が崩落して、四六人が亡くなる大惨事があった。

その大惨事が発生する一年ほど前から、事故現場となったウェストヴァージニア州ポイント・プレザントの周辺で、後に「モスマン（蛾男）」と名づけられた謎の怪物（翼をもつ褐色の人間型生物）がひんぱんに目撃されていたのだ。先述したジャーナリストのキールが現地を取材して『モスマン・プロフェシー』という本を著した。

9・11テロの四、五か月前に、インドのニューデリーで猿のような怪物「モンキーマン」が出没して警官が動員され大騒ぎになった事件や、その約一か月後にインドの隣国ネパールの王宮で起きた怪奇殺人事件も、9・11テロの予兆として起きた現象のように思われる。

だが、こうしたモスマンやモンキーマンは、本当は人々に怖がられるような怪物ではない。

実際、誰もモスマンに殺されたり、ケガを負わされたりしていない。モンキーマンも、引っ掻《か》かれたと主張する人はいたが、驚いて梯子《はしご》から落ちたとかいう偶発的な事故だけで、モンキーマンが意図的に危害を与えたという信頼できる報告はない。

ということは、**モスマンやモンキーマンを気味の悪い怪物だとして恐れる必要はない**ということだ。彼らは、**あり得ないような確率の事件や災害が未来に起こるというシンボルにすぎない**。モスマンが出現するような、前代未聞の事件が近づいていることを警告するシンボルである。まさしく「凶事の前には、『件《くだん》』（人と牛の中間のような怪物）が生まれる」という日本の伝説に込められた意味である。

この仕組みさえわかれば、このシンクロニシティを有効に活用することは十分に可能だ。たとえば、潜在意識から送られてくるシンボルを正確につかむことが大前提だが、何か危険が迫っていることがシンボルなどからわかったら、「何かがおかしい。危険、危険」と言挙《ことあ》げすればいい。すると、人々の顕在意識が認識することになるので、場合によっては、大惨事を防げるかもしれないのである。

意識と物質の共鳴がシンクロニシティを起こす

仮に、いまこの現実を観察している「自己」は、たとえどのような実証主義者でも、「いまの心」でしか観察できない。どのように綿密なデータをみても、それをどういう結論や意味に導くかは、その観察者の意識の問題なのである。観察者の意識のバイアスがかかれば、元のデータは歪められ、まったく違った結果を導く。

私が試しに潜在意識にダイブしてみると、個人の潜在意識のその奥に、もっと大きな流れがあるように感じる。自分は多重的に大きな流れと連結して生きていると非常に強く感じることができるのだ。

宗教的な世界では、それは「アガーシャ」とか「宇宙意識」と呼ばれる。私たちには未来と過去をつなぐ膨大な「みえない記録」が、私たちのそばを流れていて、人間はそれにアクセスできるのだと古今東西の聖人たちは説いている。ユングはそれを「集合無意識」と呼んだ。

そうした集合無意識のなかには、非常にきれいに整えられた、プラトンのいうイデアのような、時間の垣根を越えた、ありとあらゆる完璧な情報があるのである。それは私たちの意識の網目を潜り抜けて表に出てくる。頭の後ろから降ってくるような感覚だ。それを我々はインスピレーションと呼んだりする。

二〇世紀を代表する脳神経外科医で、すべてを脳で説明しようとしたワイルダー・ペンフィールド（一八九一～一九七六年）が、「脳＝心ではない」と最後に言い切って死んでいることからもわかるように、彼もまた、脳ではとらえきれない膨大なものが、意識の奥底に流れていると感じていたに違いないのである。

そういう集合無意識から情報が浮かび上がってきたときに、周期的に起こる外界の特定の事象と連結するような現象が起きるのだ。

その現象が起きる前には、潜在意識からの要求があったり、心の底から何かをしたくなるような衝動があったり、ある種のインスピレーション的なことがあったりする。そのとき、外界の事象と連結して、意識と物質が共鳴するのである。

物質化という言葉があるが、正確にいうと意識と物質が共鳴することにほかならない。**意識のなかにある啓示的なイメージや閃《ひらめ》きと、外側にある物質の性質や事件の有り様が連動する。そしてシンクロニシティとして結実**するのだ。

だから、周期的に訪れる空間・領域の性質が、自分の意識の状態と合致しないと起きないという現象も間々ある。また、啓示的な情報は、意識の奥から「感情のごみ」という網目を通り抜けて、にじみ出てくるものだが、その障壁となる感情によってゆがめられたり、欠けたりしてしまうこともあるのだ。そうした情報が、座礁《ざしょう》した難破船のようにばらばらになったピース（小片）として顕在意識にようやくたどり着く。そうすると、元の意味がわからなくなってしまう場合もある。

シンクロニシティが認識されるメカニズムとは

その典型的な例が、何度も例に挙げる「渦巻きと穴」のシンクロニシティである。一連の出来事が起きる二、三週間前の三月下旬ごろから、意識のなかに盛んに大型のクリップのような、楕円《だえん》の渦巻きの形が出てくるようになった。さらに不思議なことに、普通の小さなクリップならよくある話なのだが、分厚い原稿を挟むとき以外にみることのない大型のクリップが、しかもとんでもないところに落ちているのをみつけるようになった。

そのとき、私がみるクリップは何かをつなぎとめるものではなく、何かの形、すなわちこの場合は、渦巻きを表すシンボルであることがなんとなくわかったのだ。

そのあと、赤や紫の色と、煙のような雲が渦巻くなかに、巨大な穴が開くようなビジョン（33ページ、図3）と、石の塔のようなものが林立している風景（33ページ、図4）が連鎖して浮かぶようになったのである。後で気がつくのだが、それはまるで、ブラックホールの映像やノートルダム大聖堂のイメージと同じであったわけだ。

私としては、非常にもどかしい気持ちになる。というのも、イメージの奥に完成された情報があるのに、それが断片的に、それこそばらばらのピースになって意識に届くので、意味がわからないという状態が続くからである。断続的に後ろから突かれる状態だといえばわかってくれるだろうか。

そうこうしているうちに、四月中旬に入って北朝鮮と中国の国境にある白頭山《はくとうさん》が噴火の兆候をみせ、阿蘇山《あそざん》が噴火する（四月一六日）という事象まで起きた。何かスパイラル状に出来事が連鎖して発生し、「穴が開く」という現象が連続したのだ。

これを不幸な出来事の連鎖だととらえることもできる。だが、スパイラル状の穴には、啓示

図8　シンクロニシティの原理のイメージ

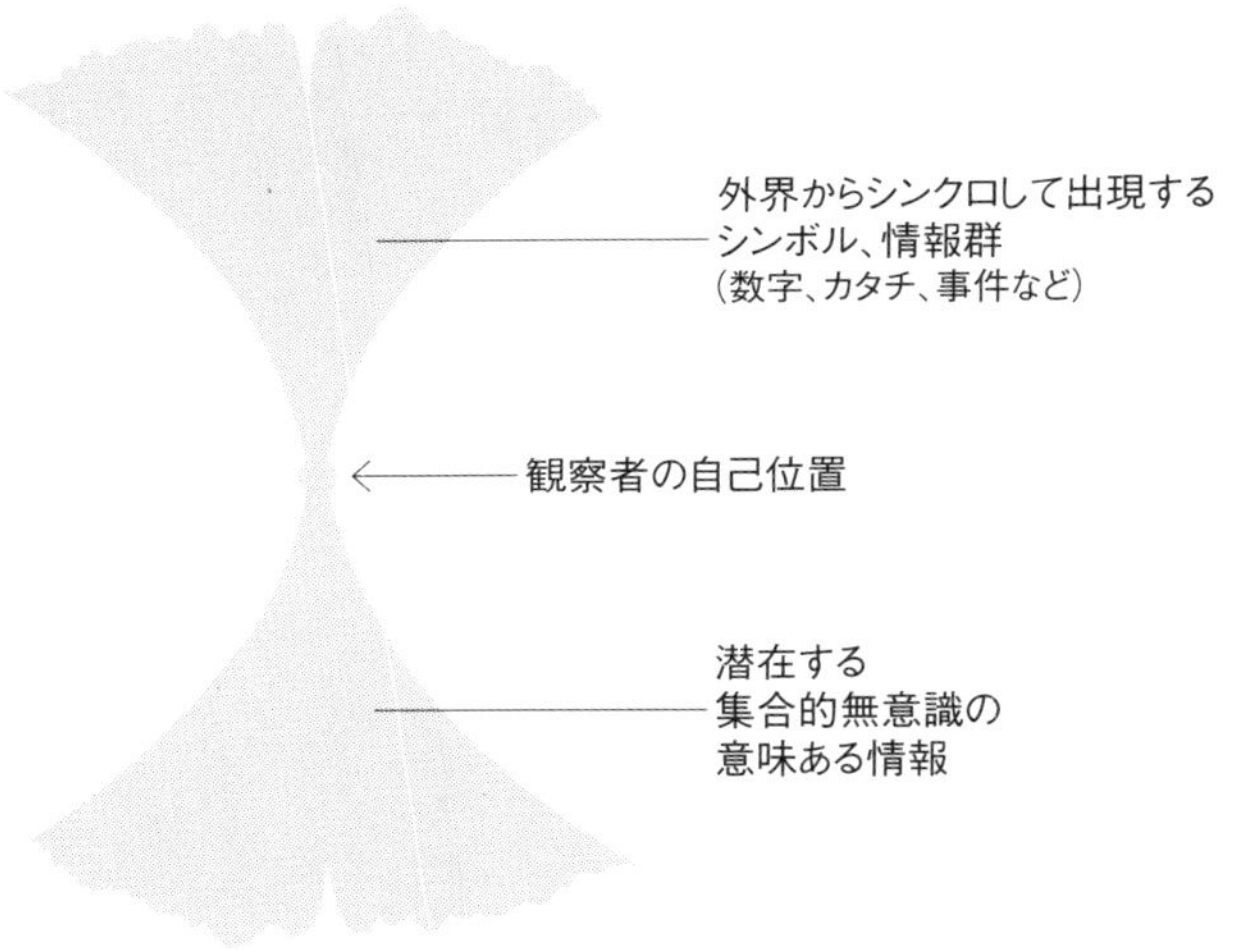

的な意味があると私は考えた。そして出た答えが、あたかもこの本と連動しているかのようにシンクロニシティが起こったということであった。

もちろんそれは人によって、違う意味がある。私はシンクロニシティの本を書くに当たって、シンクロニシティの身近な例がないかどうか、探している立場にあった。そのときに、らせん渦巻きと穴のイメージをみた。それが現象として実際に出現して、本として結実したというわけである。

意識の底、つまり集合無意識のなかには時空を超えた膨大な情報があって、そこから漏斗《じょうご》で集約、濃縮されて、顕在意識に情報がショットガンのように撃ち込まれてくる。

そのとき情報の多くは潜在意識と顕在意識の間にある「感情のゴミ」などの障害物に当た

り、砕け散り、ばらばらになる。それでも潜在意識からの情報は表に出ようとするため、私はよく、何かを表現したいという衝動に駆られるのだ。理由もなく、絵を描きたくなったり、文章を書きたくなったりするのは、そのためだ。

すると今度は、外界の現象までが、何度も何度も、イメージと似たような情報をもって、しかもあり得ない確率で現れる。

我々の意識の奥にある膨大な情報からくる情報と、現象界の膨大な事象のなかから現れる情報が、まるで大きな漏斗と漏斗の細い筒口を合わせたように一点で集約されて、観察者個人の意識において結実する――イチョウの葉を逆さに合わせたようなモデルが、シンクロニシティの原理であるように思われる（図8）。

言い換えれば、シンクロニシティは、人間個人の意識から表に出ようとするイメージと、周期的に訪れるある特定の事象の現れが、両側から磁石のように引き寄せられて、時空間を超えて「いま」の一点で結実する現象だといってもいいだろう。

そこに意味があるのだ。要はそれに気づくかどうか、である。

宇宙を包む「何か」が現象の原動力なのか

なんとなくシンクロニシティの原理がわかっていただけたであろうか。

シンクロニシティの仕組みを説明する仮説としては、ほかに古代ギリシャの概念である「プネウマ」を用いることもできる。プネウマは、風が「吹く」ことや人が「息をする」ことを表す動詞「プネオー」の名詞形で、もともとは「息吹」や「微風」を表す言葉であった。

埼玉大学教養学部が出版した『気の宇宙論・身体論』のなかで、神戸大学の講師・久山雄甫《ひさやまゆうほ》氏は、プネウマの概念はその後、含意を膨らませ、東洋的な「気」と非常に似通った概念に変遷していったという概念史を紹介している。

その変遷史のなかで、プネウマは、宇宙全体を包み込む「空気」のように横溢《おういつ》している根源的な創造原理、すなわち「神的なロゴス」であると考えられるようになったという。

ロゴスとは、概念、意味、論理、説明、理由、理論、思想などの意で、本来は人々の話す「言葉」のことであった。この「神的なロゴス」が、「光あれ」といった瞬間に光が創造されるものであるとすると、**プネウマは物質的な「力」に動かされるのではなく、意味や気配、言葉などに共鳴し、それを宇宙全体にまで響かせる「何か」ということになる。**

果たして、そのように宇宙全体にみなぎりあふれているような、未知の「何か」とは存在するのだろうか。それがあるとしたら、皆が畏怖《いふ》するような存在となるであろうことは想像に難くない。

プネウマはその後、古代インドの「プラーナ」(インド哲学で、宇宙にみなぎる生命力としての気)と関連づけて考えられるようになり、ラテン語では「スピリトゥス」と訳され、現代の英語の「スピリット」(霊、精神)へと概念の一部が引き継がれた。

面白いのは、ドイツにおいては、ゲルマン語由来の「ガイスト」に吸収されてしまったということだ。ガイストとは、ポルターガイスト（騒々しい霊）という言葉からもわかるように幽霊というニュアンスがつきまとう。プネウマがもたらす「畏怖」だけが、ドイツには概念として語り継がれたのだろうか。

このプネウマの概念史は、シンクロニシティの歴史とも呼応しているように思われる。原因があって結果があるという因果律を超越した現象は、人間の理性を超えた幽霊のような存在に違いないからである。

しかしながら、宇宙に充満するプネウマが、意味などの同質性によって共鳴しながらいろいろな情報を伝え合い、影響を与え合っているのなら、古代ギリシャ人が感じた「息吹」であるプネウマこそが、シンクロニシティの正体であるかもしれないのである。

「胸騒ぎ」か、「無の感覚」か？

シンクロニシティには、大きく分けて二つの異なる現象があることにも言及しておこう。ネガティブに現れる場合とポジティブに現れる場合だ。

将来、大きな事件や事故があるときに、その未来のざわめきが、いまの自分に時間をはみ出して感じられることがある。９・１１テロで、発生数時間前に乱数発生装置が異常な数値を示したのもこのケースだ。これもシンクロニシティの一種だが、同時にこれは潜在意識のざわめきの問題である。願望を実現するためのシンクロニシティとは質が違うのだ。

ネガティブな場合は、不安感からくるざわめきである。得体のしれない胸騒ぎというざわめきだ。それが繰り返し起こる。昔から「虫の知らせ」として知られる現象だ。

これに対して、澄んだ心のなかで現れるシンクロニシティ的イメージや感覚は、胸騒ぎとは別のものだ。人間にとってポジティブな現象であるとき、すなわちその人にとって有益な現象として結実するときは、不安や焦りといった感覚とは無縁になる。心から濁《にご》りが取れて、清らかに透明な気持ちになる。心がゼロ、無に近づく。作為のない自然な状態になるのだ。

シンクロニシティを結実させようとする「意志」があるのだとすると、**悪い方に結実しようとすると潜在意識の警報を鳴らし、良い方に結実しようとすると心を穏やかにさせる**わけである。

渦巻きと穴のイメージの出現の仕方は、その中間で、非常に激しい事象が将来起こることを暗示しているように思われる。ただいえるのは、千載一遇《せんざいいちぐう》の周期がめぐってきたということではないだろうか。シンクロニシティのブリザード（嵐）を起こそうとする激しい波が向こうからやってくるように感じる。

以上が、私が考えるシンクロニシティの原理やメカニズムである。しかし原理やメカニズムがだいたいわかっただけで終わってもしかたがない。我々はその原理を利用して、我々の最大のテーマである実生活や人生のなかで使わなければ意味がない。

シンクロニシティによって具体的に何がわかり、それをどのように役立たせることができるのか、最終的にはどうやってその現象をコントロールできるのか、を次の章から順々に語っていきたい。

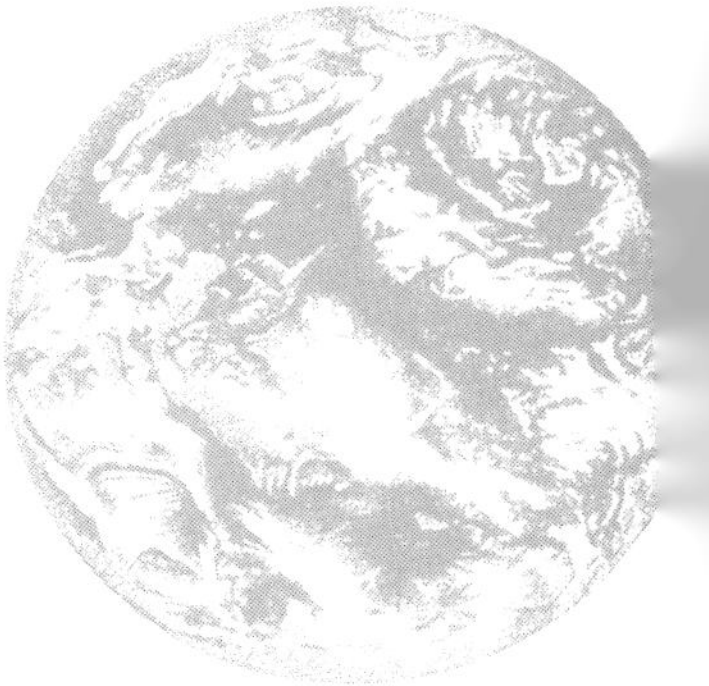

5章——シンクロニシティを「自分で発動する」方法

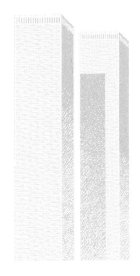

シンクロニシティの起こり方を知る〈STEP1〉

具体的なイメージを膨らませる

シンクロニシティを起こすには、やり方がある。本章では4つのSTEPに分けて説明するが、まず、起こり方のプロセスを説明する必要があるだろう。

モデルとしては、背後、つまり集合無意識からの何か啓示的イメージが湧き上がってくる。あるテーマ（たとえば渦巻きと穴）に関して、非常に興味をもつようになる。これが第一ステップだ。

次に、そうしたイメージやテーマに対して、より発展的な自分の利益や、社会の幸福や喜びなどをそのイメージに付加させていく作業をする。イメージを大きく膨らませる。そこに空間的なシンクロニシティの起きやすい状況がスパイラル的に連動して現れてくる、というわけだ。

結果的に自分の夢が実現しやすくなったり、思っていることがあたかも物質化したようにみえたり、社会のなかで自分が認められるような現象が起きたりするのである。

やったことがうまくいったとか、利益になったとか、やはり人生のなかではなかなか起きにくいことが現実化したり、形になったりするようになる。

少し難しい表現になったが、もっと簡単にいうと、シンクロニシティの起こり方は次のとおりだ。

最初は、なんとなく後ろ（意識の底）から集合無意識が要求しているものが現れて、やがてそれは、うまく自分の願望と結実する。そこでイメージが完成する。

その完成のプロセスのなかでは、**イメージの連想ゲームが起きてきて、それが現象としても発生してくる。**そして、「これは重要なイメージだ」とわかる。そこでそのイメージに意味を与える。意味を与えるのは、自分で意識的、恣意《しい》的に考えるしかない。そして意味を与えると、一層現象化するのである。

感覚をフル活用してイメージを刷り込む

意味を与えるということは、目的をはっきりともち、イメージを明確にするということだ。

このプロセスのない思考は、なかなか現象化しない。意味を与えて、目的とイメージを合致させ、はっきりしたものにすることが重要なのだ。

そのためには、まず、意味をちゃんと言葉にする必要がある。イメージを言語化して自分に言い聞かせるという作業をおこなうのだ。人にそれを語るのもいい。とにかくしょっちゅうそのイメージを思い浮かべ、潜在意識に刷り込むことだ。刷り込む方法としては、語呂合わせでもいい。近接的にその言葉をデザインすることだ。その言葉でスローガンをつくるという方法もある。

その言葉を連想させるような絵を描いたり、その言葉を祈念した陶器をつくったりすることも効果的だ。

視覚、聴覚、触覚、嗅覚、味覚——つまり、その言葉やテーマをできる限り多様な感覚やチャンネルで味わうようにするのである。Tシャツにシンボルを入れたり、自分の会社のロゴマークに使ったり、自分の周りにシンボルを配置することも重要だ。

最近の心理学では、サブリミナル的なものが意識に影響を与えることはない、というのが半ば定説になっている。私も、サブリミナル的なもので人を操ったり誘導したりすることは難しいと思う。

だが、サブリミナル的に、たとえば自分の机の隅に自分の願望を小さな字で書いておくと、シンクロニシティ的に響き合う。感覚的にいわせてもらえば、視野の周辺部になんとなくみえる言葉やイメージは、その奥にあるシンクロニシティの本源的な吹き出し口を刺激する効果があるのだ。

何かを意識させる文言や形を周辺視野におくこと、神話に親しむこと、神話的な絵を描いてみること、自然界の美しい形に親しむこと、楽しいものを観察すること——このように普段から心を耕しておけば、意味ある偶然をみつけることができるようになる。

常に心をワクワクさせ、飽きさせないようにすることだ。

すると、シンクロニシティをみつけやすくなり、シンクロニシティが作動しやすくなる。

シンクロニシティに気づく方法〈STEP2〉

魔の特異日には23日周期があった

シンクロニシティには大きなスパイラルと小さなスパイラルがある。つまり、いくつかの周期性が存在するのである。それらをみつけるいちばん簡単な方法は、年表から割り出すことだ。

航空局航空官や科学技術庁科学審議官を歴任した航空工学者・井上赳夫《たけお》（一九一四〜二〇〇三年）は、過去数十年間の航空機事故と発生日を調べたところ、特定の日にちの近辺に事故が集中していることに気づき、それを「魔の特異日」と呼んだ。

さらに事故の多い日にちの間隔を調べると、それが二三日ごとに訪れることを〝発見〟、飛行機事故には周期性があると主張した。

面白いのは、井上が事故の原因は地球全体に加わる力と関係すると考え、二三日周期は太陽と月の季節ごとの位置によって、歳差偶力《さいさぐうりょく》（傾いた地軸を真っ直ぐに立てようとする力）が変化することと関係があるのではないかとしたことだ。

井上によると、歳差偶力が最大になるのは「夏、冬の新月」と、「春、秋の上弦、下弦」であり、太陽と月の相互影響力の周期が二三〜二四日であると突き止めたという。そして、その周期的に訪れる特異日にはジェット気流やマグマなどの地下の流れが激しくなり、異常な災害や事故・事件を引き起こすのではないかと結論づけている。

図9　ユングが考えた、うお座の星座とキリスト教の出来事の関係

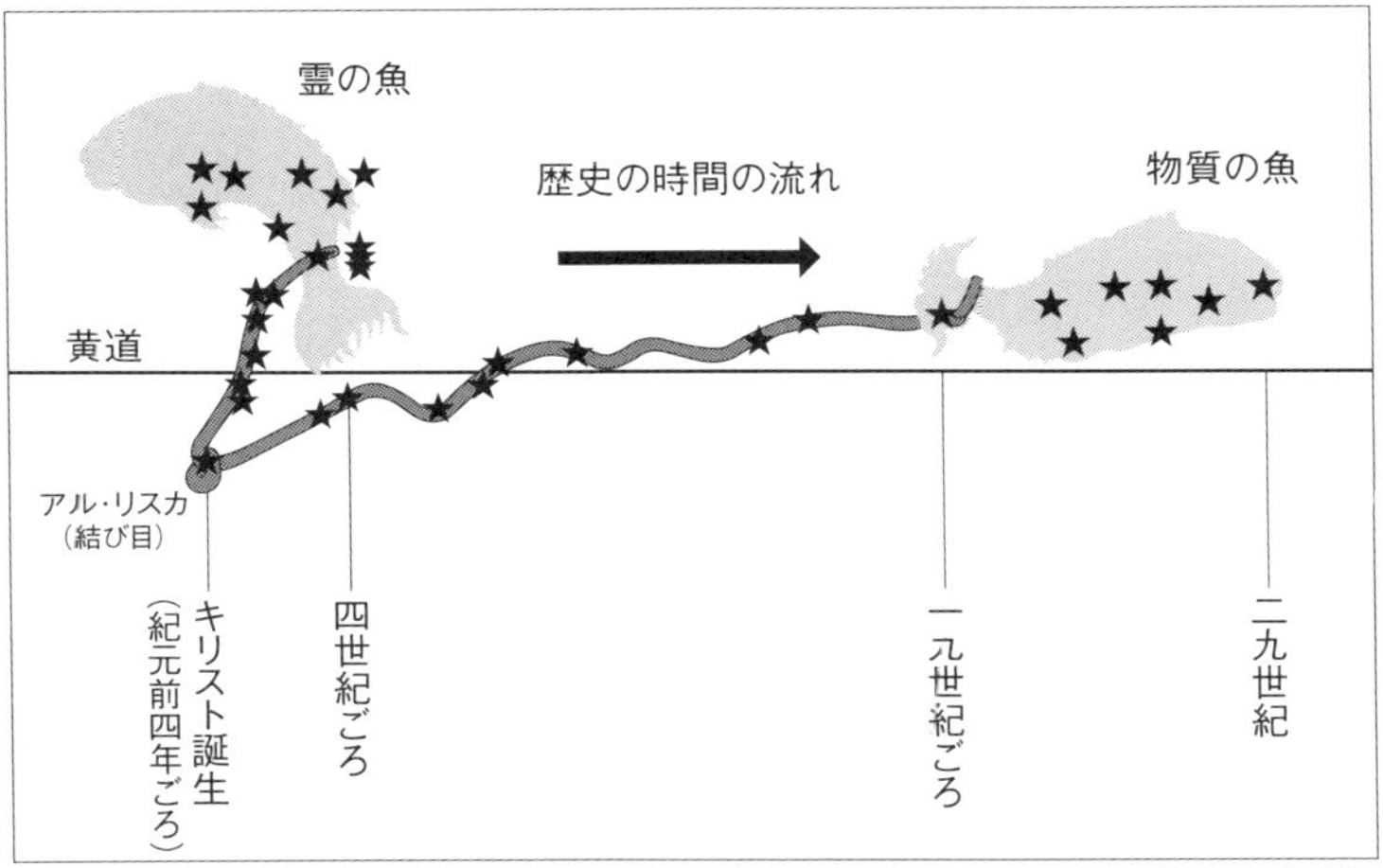

参考:『マンガユング心理学入門』講談社

太陽と月の相互影響力だけでシンクロニシティの特異日が決まるとは思えない。あたかもエネルギー伝達系のように発生する現象がシンクロニシティだからだ。

おそらくシンクロニシティは、天体の動きとも大なり小なり関係しているのであろう。実はユングも、地球の歳差運動とシンクロニシティの関係に着眼していた。

ユングは、うお座が形づくる恒星群に注目した。この星座は星々がつくる「紐《ひも》」でお互いが結びついた二匹の魚の形をしている。黄道（地球からみて太陽が地球を中心に運行するようにみえる天球上の大円）に対して、左側の魚は垂直に、右側の魚は水平に、それぞれ描かれる（図9）。

ユングは、このうお座の二匹の魚を、左側は「霊の魚」、右側を「物質の魚」と仮定した。詳

しく調べたところ、この二匹の魚を紐でつなぐ起点となる「アル・リスカ（結び目）」と呼ばれる星と春分点が重なったころ（紀元前四年ごろ）、キリストが生まれたことがわかったという。

次にユングは、春分点が恒星に対して毎年角度にして五〇秒（七二年で一度）ずつ西方へ移動する歳差に着目した。つまり、アル・リスカで始まった春分点は、七二年で一度ずつ西方（図の右方向）へ移動していくのである。

ユングは、このうお座の星々のなかでの春分点の動きと、キリスト教の出来事の歴史とは相対関係にあると考えた。つまり、うお座のなかの春分点が「霊の魚」の星々にある間はキリスト教の教会も栄え、三八〇年にはローマ帝国の国教にまでなった。ところが、春分点が「霊の魚」から離れ、紐沿いに図の右方向に移動し始めると、さまざまな異端の教義が台頭、宗教改革の嵐が吹き荒れ、科学の発展とともに教会の権威も失墜していく。

それを決定的にしたのは、春分点が「物質の魚」の尻尾を形づくる最初の星に到達した一八一七年である。ユングはその少し前の一七八九年のフランス革命で「反キリスト」が誕生したと解釈した。パリのノートルダム大聖堂に「理性の女神像」を据えられたからだ。いわゆる理性の祭典の始まりだ。

これは、フランス革命期の一七九三年以降、同大聖堂を中心にフランス全土でジャコバン派独裁のなか開催された祭典で、極めて無神論的性格の強いものであった。やがて、一八〇九年にはチャールズ・ダーウィンが生まれ、一八一八年にはカール・マルクスが誕生、反キリストの物質主義が全盛を誇るようになったという。

年表から読み解く方法

このように天体の運行と大きな歴史的な流れが周期的にシンクロニシティ現象を起こしているとする考えはほかにもある。

ギリシャの哲学者プラトンは、歴史は循環するものだと考え、周期性があると主張した。地球をめぐる八天体（太陽と七つの惑星）が黄道を一周して元の位置に戻るのに要する時間を三万六〇〇〇年とし、それを宇宙の更新がおこなわれる聖なる周期と考えたのだ。その周期を五〇〇で割った年数が歳差の一度分になる七二年である。歳差運動の周期である二万五八〇〇年をプラトン周期と呼ぶ見方もある。

一九世紀のアメリカの歯科医ジョン・ニューブロー（一八二八〜九一年）が天使の啓示を自動書記したという奇書『オアスペ』では、太陽系が三〇〇〇年周期で大宇宙の光の領域を通るたびに大変動があり、ほかにも二〇〇年、三〇〇年、五〇〇年、六〇〇年の周期があると説いている。神道家の山蔭基央《やまかげもとひさ》（一九二五〜二〇一三年）も日本の歴史に周期性をみいだして年表を作成している。

年表の分析は難しい面もあるが、キリストにしても仏陀《ぶつだ》にしても、『オアスペ』同様に三〇〇〇年の周期を念頭に置いているように見受けられる。おそらく三〇〇〇年という大きな周期があるのは間違いないように思われる。

私の感覚では、大きな現象が起きる「シンクロニシティ・ゾーン」のいちばん小さな周期は二二年から二四年だ。たとえば、二〇一九年というのは、平成から令和の時代に変わったことに象徴されるように日本人の意識が大きく変わる節目となった。ヨーロッパでも二〇一七～一九年にかけて、イギリスの欧州連合（ＥＵ）からの離脱問題やスペインのカタルーニャ独立問題が一挙に顕在化したことからもわかるように、既存のシステムや古い体制に対する見直しの機運が高まった。

その二〇一九年から二二～二四年前に遡《さかのぼ》ると、一九九五～九七年であった。そのころ何があったかというと、ノストラダムスの大予言が（七三年の大ブームに続いて）再び取り沙汰されるなか、阪神・淡路大震災、地下鉄サリン事件が発生、人々の意識を大きく揺さぶった。それは、破綻するわけがないと思われていた山一證券や北海道拓殖銀行がつぶれ、既存のシステムが崩壊する金融大変革があった時期と重なる。

さらに遡ると、一九七三～七五年となり、ユリ・ゲラー来日とそれに伴う超能力ブーム、ノストラダムスの大予言ブームなどパラダイムを揺るがすような現象があり、石油危機と相俟《あいま》って人々の意識変革を促す動きが活発化したことがわかる。

その前の一九五一～五三年は、朝鮮戦争の最中であった。日本はその戦争特需により一九五五年からの高度成長時代を謳歌《おうか》、「もはや戦後ではない」ことが強く意識され始めたのもこのころである。同時に一九五三年にはＮＨＫがテレビ放送を開始、マスメディア時代に突入する。

さらにその前は、一九二九年の大恐慌や一九三一年の満州事変、一九〇九年には韓国併合閣議決定や伊藤博文の暗殺などが起きている。いずれも大衆の意識を大きく動かすような歴史に残る事件があったことがわかる。

ということは、二〇一九年はそれらと同じような大きな意識変革や大きな出来事が訪れる起点や分岐点となる可能性が高いことが予想されるのだ。とくにこの周期上に、ＮＨＫのテレビ放送開始と、テレビを使ったユリ・ゲラーの超能力実験、それにメディアを騒がしたノストラダムスの大予言ブームがのっているということは、今回もマスメディアを巻き込んだ、人々の意識を変えるような大きな事象が起きると予測することもできる。

この二二年周期説は、昭和から平成へと変わった一九八九年にも当てはまる。この年は昭和天皇の崩御に始まり、冷戦の象徴であったベルリンの壁崩壊、日経平均株価が史上最高値をつけるなど、いまでも鮮明に記憶に残る歴史的大事件が相次いだ。その二二年後の二〇一一年には東日本大震災があり、明治一〇〇年に相当する二二年前の一九六七年には、富山のイタイイタイ病が事実上公害病と認定されたり四日市ぜんそく訴訟が起こされたりするなど公害問題が噴出して、メディアでも大きく取り上げられた。

その二二年前の一九四五年は、誰もが知る原爆投下と終戦があり、さらにその二二年前の一九二三年は関東大震災の年であった。

最も短い周期としては、三・五日という周期もある。自分の発した想念の最初の結果が三・五日後に現れるからだ。次の結果は三、四か月後に現れ、いちばん長期の結果は、三年六、七か月後に出る。

これは自分の発した想念を観察した結果わかったもので、負の想念は負の想念や負の現象を引き寄せ、良い想念は良い想念や良い現象を引き寄せるのである。

シンクロニシティを起こすための準備〈STEP3〉

まず二種類のシンクロニシティを知る

シンクロニシティは、自分の周りで繰り返し起きる意味のある偶然である。その偶然が起きるときに、二つの現れ方があることを知っておいた方がいい。

一つは、社会集団の集合無意識が引き起こしているシンクロニシティで、そのときの社会における公《おおやけ》の事件や事故に現れてくる。そして、それは時として自分の身の回りにも同じような性質の出来事として同期して現れる場合もある。形、色、数字、意味、シチュエーションなどで事件と同じ性質の象徴的な出来事が現れる。そのなかで形が非常に重要だ。先述の「渦巻き」と「穴」のケースがそうだ。大きなクリップを拾うようになる。これは、いわば外側から運ばれてくるシンクロニシティである。

その際、社会的に起きるシンクロニシティを観測すると、広域的に物事の起こり方が偏るような現象が続出する。二〇一六年一一月九日に開票された米大統領選でのトランプ勝利の前後に、シカゴ・カブスの一〇八年ぶりワールドシリーズ制覇（一一月二日）、六八年ぶりのスーパームーン（同一四日）といった現象があったのは、その例だ。乱数発生装置が異常なデータをたたき出すのは、こうしたときだ。超常現象を含めて、社会的に非常に偏った事件事故が発生する。

もう一つは、自分個人のシンクロニシティで、あたかも自分の身の回りの環境に木霊《こだま》するように現れる。多くの場合、それは予言的に起こる。

自分の人生で決定的なことが起こるちょっと前から、それを示す典型的なイメージや形、色、数字などが連鎖して現れてくる。予知性があるのだ。この場合、シンクロニシティを観察すると、自分の先行き、未来がわかるようになる。

そのいちばんはっきりした例は、自分がみる夢である。

すでに紹介したように、社会的に大きなシンクロニシティが起きる場合には、夢のトップランキングが乱れる。芸能界で衝撃的な事件が起きるときには、エレベーターがアップダウンするような激しい動きの夢をみる場合が多い。

上下に移動するようなシンボルが現れると、頂点に立っている芸能人が落ちたり、無名の人が上がったりするという現象が現れるのである。

記録を取る、観察する

夢を観察するのは、有効なシンクロニシティ・ウォッチングだ。画家の横尾忠則《よこおただのり》氏（一九三六年〜）の「夢日記」が有名だが、何か潜在意識からシンクロ的なメッセージをもらうには、極めて有効である。

せっかくみた夢をただ「みた、みた！」と喜ぶだけで忘れてしまったのでは、もったいない。メモでもいいから、きちんと記録することが重要だ。

記録する場合には、その夢などに出てきたものの形、色、数字、意味のある言葉・キーワードを簡単でもいいから記録するように努めることである。とくにその夢をみた時間ともシンクロする場合があるので、時間も書き留めておくといい。

夢に知っている人が登場した場合には、その人の出身地、誕生日、死亡日などの日にちや数字も重要な意味をもつことが多い。登場した人物が芸能人であれば、その人のキャラクターやよくいっていたセリフ、服装などに意味があることが多い。

人間が出てくる場合には、そういったものをよく観察することだ。

夢以外で自分に関わるシンクロニシティをみつけようとする場合は、あまり貪欲《どんよく》にシンクロニシティを探さないということも留意点だ。普段は平常心で、あらゆるものを淡くみるようにして、それでも繰り返し出てくる奇異なものや、あまりみたこともないものに注意を払うようにするのがよい。

たとえば、私がみたクリップの場合でも、長さ三センチくらいの普通サイズのクリップならどこにでも落ちている。ところが、長さ五センチのクリップはそうどこにでもあるわけではない。私はそれを最初はビジョン（32ページ、図2）でみた。同時に赤紫を背景にした白雲が渦巻きのように現れ、その中心に穴が開くというビジョンもみた。次にクリップをみつけるようになった。それも仕事場から離れた場所で、何度も目の前に出てくるし、あり得ないような場所でみつけるようになったのだ。

結局それは、ブラックホールの撮影映像や、ノートルダム大聖堂が火事で塔が崩落し、天井にぽっかりと円い穴が開くという事象となってシンクロニシティとして現れた。もちろん、それだけで終わりではなく、台風や火山の噴火につながる場合もある。どちらも渦巻きと穴が関係するからだ。

つまりシンクロするということは、多くの場合、人が亡くなる現象と結びつくことが多い。激しく人の生き死にする現象こそ、最もシンクロニシティを起こしやすくするのだ。ノートルダム大聖堂の火災の後に起きたスリランカのテロも、爆風と建物に穴が開くという意味ではシンクロしている。

そのほか、日本の場合は選挙前になるとシンクロニシティ現象が多くなることにも留意する必要がある。さまざまな種類のシンクロニシティが複雑に絡み合う場合もあるからだ。

それらを含めて、とにかくよく自分の周りで起こる現象を注意深く観察することだ。

観察者からコントローラーになる6つの心構え〈STEP4〉

①利己主義よりも自他繁栄

記録や観察することからシンクロニシティが起こっていることがわかるようになると、次のステップはコントローラーになることだ。

シンクロニシティが頻発しているときが到来したとする。たとえば同じようなクルマのナンバーが何度もやってくるとか、時計をぱっとみたときの時刻にゾロ目が重なるときなどだ。そのときは、確率が偏っているときなので、シンクロニシティが発生しやすくなっている。

そういうときに、自分が将来実現させたいビジョンを、よくイメージするのである。メカニズム的には、流れ星が流れている間に願い事をするのと同じだ。めったに起こらない現象が発生するときに、鮮明なビジョンのイメージを思い浮かべるのだ。

その際、なるべくプラスのイメージをもつ。いちばん重要なのは、他人の気持ちを穏やかにさせるような願いやビジョンであることだ。

シンクロニシティのゾーンに入ったら、つまりシンクロニシティ・パターンにはまったら、他人を励ましたり、喜ばせたりするのもいい。そうすると、自分の願望が実現しやすくなる。というのも、幸せの連鎖が発生するからだ。

そして、その現象を心で味わって、日記で味わって、それを何度も読み返して、楽しむ。そうすることで、シンクロニシティを自分のものにできるのである。

②心構えはちょっとだけ楽しい「意念淡泊」

シンクロニシティは心の状態と連動して現れる。熱くなりすぎても、飽きてしまっても、うまくいかない。だから、ちょっと楽しいくらいがいちばんいい。

イライラしているときは、逆の方向にシンクロニシティが発生する。つまり、何も良いシンクロニシティが起こらないというシンクロニシティを起こすのである。

朝、家族と口論して、イライラして家を出たとする。すると、路肩の段差で足を捻挫《ねんざ》する。イラついてタクシーを呼ぼうとしても、タクシーはまったくこない。痛む足でようやく駅までたどり着くと、電車が止まっている。迂回《うかい》して他の駅にいくと、財布がすられている――と、負の連鎖のシンクロニシティを起こすのだ。

二列の長い列があって、短い列の方に並びなおした途端に長い列の方が短くなるといった現象が起こるのも、こうしたときだ。

イライラしているときは、願望は叶わない。よりイライラする方向で連動するような事象が続く。荒れた心におけるシンクロニシティの連動は、より心を荒らす方向に働くのだ。

ところが、その逆は必ずしも真ではない。喜びすぎて興奮すると、やはり乱れるのだ。

「気を抜くな」とか「浮《うわ》ついて何かをするな」とかよくいうが、その怖さはこの「乱れ」からきている。

ここが難しいところだ。穏やかすぎても、何も起こらない。私の経験からいうと、**平均的な精神状態よりもちょっと楽しいくらいがいちばん良いシンクロニシティが起こりやすくなる。**私がよくいう**「意念淡泊」**の状態である。意念とはイメージのことで、淡く、あっさりとイメージするという意味だ。

この状態は意図的につくることができる。顔をちょっと笑顔にするだけで、「少し楽しい」という状態は簡単につくれる。言い換えると、意図的に感情をコントロールすることにより、いちばんいいシンクロニシティを発生させる状態をつくれるということだ。

問題は、イライラのシンクロニシティの連鎖をどう断ち切るか、である。これが難しい。

この連鎖から脱出する唯一の方法は、感情が落ち着くことをやることだ。たとえば、アイスクリームなど美味《おい》しいものをちょっと食べるといい。味覚的に美味しいものを食べるのだ。するとちょっと幸せになる。

食べ物にも、甘い、辛い、塩辛い、酸っぱいなどがあるが、やや甘酸っぱいものを食べると、感情はかなり切り替わる。私は寿司を勧める。悪い感情を握りつぶしたいのであれば「握り寿司」、悪い感情を散らしたいのであれば「散らし寿司」だ。それだけで「意念淡泊」になる。泣いている子はミルクで収まるのである。

基本的にお米はシンクロニシティを良い方向にもっていく食べ物だ。ハーブティーも効果がある。

味覚のほかでは、音や香りを使うと効果的な場合もある。入浴もいい。水に流すことができるからだ。晴れ晴れとするような映像をみる方法もある。

とにかく、モチベーションを失わないまま、淡く楽しい心の状態を保つことだ。

③呼吸法を利用する

意念淡泊の状態を保つ方法として、呼吸法を使う手もある。これはいちばん伝統的な方法だ。ただし、呼吸法は無理にやろうとすると、乱れる。無難な呼吸法は、深呼吸である。

深呼吸には、鼻から吸って口から吐く方法と、口から吸って鼻から吐くという二通りのやり方がある。二つとも心の状態に影響を与える深呼吸法なのだが、それぞれ刺激する回路が異なる。

いったん感情を鎮めようとするときには、鼻から吸って口から吐く深呼吸をするとよい。長く鼻から吸って、口から長く吐く。激しく何度もやる必要は一切ない。私は六回深呼吸する方法を勧める。シンクロニシティと成功の関係を研究したジョセフ・マーフィー博士（一八九八〜一九八一年）は、六回は潜在意識とつながりやすくなる数字だといっている。

一方、やる気を失って鬱《うつ》っぽくなったとき、あるいは失恋して、悲しみの底にあるときなど、**「べたつくような悪感情」に振り回されそうなときは、口からゆっくり吸って、鼻からゆっくり**

吐きだす深呼吸をするといい。
感情が興奮しすぎたとき、イライラしすぎているときは、鼻から吸って口から吐く。感情が落ち込んでいるときは、口から吸って鼻から吐くのである。

④自分がシンクロ発信体だと信じる

自分がシンクロニシティを呼び寄せられる存在なのだと言い聞かせることも重要である。別の言い方をすると、自分がシンクロニシティの発信体、呼び寄せ体であることに気づくことだ。最近よく、幸運を引き寄せられるような精神状態があることが体験的にわかってきたと、いわれるようになった。だが、医学的には自己暗示のようなものだ。

我々は自分というもののイメージを自分で決めることができる。これだけは他人が決めることはできない。ただし、自分で決めているといっても、他人から繰り返しいわれていることが基準になっていたり、自分を卑下《ひげ》して自己像を決定したりしている場合が多いのだ。

自己像のイメージは、これまでの体験で、自分がすごいとか強いとか楽しいと思ったことで構成すべきである。ところが、周囲と比較して、「私は頭が悪い」とか「英語が話せない」とか「勉強していない」とか「ダメ人間だ」とか、自己像を必要以上に辛口で評価する人が多い。

もちろん、自分に対する辛口の評価は、もしその評価を基準にして奮起して努力するのであれば、いいことである。だが、それ以外の理由で、自分で自分を辛口で評価してもいいことはほとんどない。

だからこそ、まず「自分には大きな力との接点がある」「発展性と能力は無限だからこそ、勉強するのだ、自分のための未来はいくらでも道がある」と自分に言い聞かせ、そういうイメージ像を自分で固めていくことだ。理屈抜きで、そう思っていくことなのだ。

ここで自分を分析して理由づけする必要はまったくない。「私はこういう性格だから、これはできない」とか「私はこれが嫌いだから、それはやらない」などと自己像を枠にはめないことが重要だ。それを始めたら、自己批判だらけになってしまう。その枠を取り払って、とにかく自分の奥行きを信じ、自分の無限の力を無条件で認めてあげるのだ。

学問の世界でも似たような光景をよくみる。目的を忘れた実証主義や批判主義は他人の粗《あら》を探しては、批判するばかり。それを続ければ、個人はボロボロにされ、自己像は破壊されていく。かつて、一部の極左運動家がよくやった「総括」も同様だ。一九六〇年代には、多くの若者がその犠牲になって命を落とした。

自分を励ませるのは、自分だけである。その際、重要なのは、「いつか強くなるのだ」という期待ではなく、「いまの自分が強いのだ」と思うことだ。「いつか強くなる」では、そのうちめげてしまう。「いつか強くなる」は「いまの自分は弱い」と言い続けることと同じことだからだ。そうではなく、「いまの自分は強い」と言い聞かせるのだ。いまの強さはここにあり、いまここでスイッチを押せば作動できると信じ切る。いまの自己像にいいイメージをダブらせ、自己像を強化していくのである。

それは、自己暗示というよりも、自分の潜在意識を説得することである。これはいますぐにもできるし、常にできる。自己像強化のために、たくさん本を読み、たくさんの情報を吸収し、多くの人の話を聞き、心のトレーニングをすればいい。そうすれば、「いまの自分は強い」という自己像は定着するのである。

しかし、その際にも落とし穴がある。自己像強化のために、一生懸命勉強し、たくさん本を読み、多くの人の話を聞いて情報を吸収し、心のトレーニングをすれば、当然ストレスも生じる。そのストレスが体に悪いという考えがはびこっているからだ。

最近の研究では、ストレスがある程度かかっている方が長生きするというデータも出てきているようだ。要は、そのストレスの質の問題である。

ストレスを毛嫌いさせるのは、一部のカウンセラーや心理療法家の罠《わな》である。ストレスを解消させるからといってクスリを与え、クスリ漬けにする医者も大勢いると聞く（もちろん、すばらしい心理療法家もたくさんいるし、精神科医でもシンクロニシティに理解のある人は増えている。念のため）。

しかし、「あの場所まで到達しよう」という目標のはっきりしたストレスは、悪いものではない。ただ、無理をしなければいいのである。目標の大きさと、達成までの時間を無理のない設定にすればいい。だが、必ず「あの場所までの距離」を設定することが大事だ。つまり時間を区切ることだ。「この時までに、このイメージを現実化する」という設定をするわけである。

その明確な設定をした瞬間に、それを成し遂げるためのシンクロニシティが現れる。同時に、その目標は、距離はあるけれども、いまもう、すでにここにあるという状態が生まれる。うまく成功すれば、未来からいまの自分をみつめているような状態になる。成功した自分の未来がすでにあって、そこから自分を眺めているような状態だ。そのとき、時間は直線ではなく、環のように閉じる。未来といまがつながるのである。そうすると、現実化しやすくなるという仕組みになっている。

⑤シンクロニシティは言挙げしない

さらに注意すべきことは、シンクロニシティがある程度、操れるようになっても、「シンクロニシティを操って、夢が現実化するようになった」などとはなるべくいわないことだ。というのも、そのような話をしても、周りの人はまず「そんな話は根拠がない。検証したのか」などといって否定するからだ。あるいは嫉妬されるのが落ちだ。言挙《ことあ》げして、いいことは何もない。わかってくれる人同士で話すのは、とてもはげみになるのだが、シンクロニシティを操って成功した人は、無理解者に「シンクロニシティで成功した」などとはいわない方がいい。求める者のみに語り、そうでない者には「秘《ひ》して語らぬ」のがシンクロニシティ・コントロールの極意である。

オカルトとは、決して怪しいことをやっていることを指すのではない。その語源がラテン語の「隠された」を意味するとおり、本当の成功のノウハウというのは理解者のみの心に隠されて、オカルト化することを示唆しているのである。

そういう意味でも、自分に起きたシンクロニシティを、他人に信じてもらおうとして無理に説明しようとしたり、証明しようとしたりしてもだめだ。勝手な解説もあまりつけない方がよい。否定的な人の前で論証しようとすると、うまくいかなくなることの方が多いのだ。

人間のもつ超能力のような能力は、この一〇〇年間検証しても、明らかに肯定的なデータが出ているにもかかわらず、否定的な人が周りにいたりすると、肯定的な結果が出てこないことがあることがわかってきた。これは無理に実証しようとすると、現象自体が発現しづらくなることを図らずも示しているように思われる。この現象自体に人間の意識が介在しているからだ。

他人にわかってもらおうとすれば、混乱するだけである。ただし、他人と何かを成し遂げようとするときは、その意識と時間設定を皆できちんと共有する必要がある。事業目標とスケジュール表を事務所などの壁に貼るのは、皆が共通の意識をもつための実に有効な手段なのだ。

他者と一緒にやるのでなければ、極力言挙げしないことだ。人に認めてもらいたいからという理由でシンクロニシティを操ろうとしない方がいい。一人で味わって、自分で自分の能力を密かにきちんとほめるのが、シンクロニシティを操縦するコツなのだ。

⑥オートマティック・マインドに委ねる

こうしてある程度、シンクロニシティがコントロールできるという意識が定着するようになったら、後は潜在意識に委ねることだ。潜在意識はオートマティック・マインドとも呼ばれ、明確な目標と時間を設定されると、それこそ自動的に我々をそこに導いてくれる。そのように働くのが、潜在意識なのだ。「こういうパターンで、こういうことが起きるからね」と自分で決めたら、あとは潜在意識が勝手にそのパターンをリフレインしてくれるのだ。

委ねるときも、過度に委ねる必要はない。あっさりと、淡泊に「よろしく」という感じで委ねればいいのである。しかも疑うことをせずに、委ねきることだ。

ここまでが、シンクロニシティを操縦するうえでの、入門部の心構えだ。すべてを完璧にやるのは、最初は無理かもしれない。それでもそういう心構えで行動しようとすることが、大事な最初のステップになるのである。少しでも行動すれば、シンクロニシティは作動する。完璧に一〇〇パーセントやらなければ、作動しないという現象ではないのだ。人生に取り入れようと思うだけで、シンクロニシティのスイッチはすでに入ったと思ってもいいだろう。

次の章では、その具体的な応用法を説明していこう。

6章——予兆を察知し、「未来を操作する」超応用法

「ナンバー」シンクロニシティ操作術〈超応用法1〉

数字で知る「シンクロニシティ・ゾーン」

偶然現れたようにみえる数字も、実はコントロールできる。そういうと「まさか！」と思うかもしれないが、本当に数字が集まってくる。

我々の世界は数字であふれている。数字でシンクロニシティを起こしたければ、まず数字を半ば意識して全体的にみることだ。意識してキョロキョロするのではなくて、やはりリラックスして意念淡泊の状態でみるのである。

そのとき、たまたま向こうからやってくる数字や、繰り返し向こうからやってくる数字に着目するのだ。自分が予想していなかった場所や意識していない場所に書かれた数字が目についたときは、シンクロニシティである可能性が高い。

このように**数字や日付に絡んで、普段起こらないようなことが続けざまに起きるのは、シンクロニシティが起こり始めたことを示している**。そのとき、数字を観察して、その意味を知れば、人生に役立てることができるのである。

今日がどのような日になるか、あるいは今後どのようなことが起こるのか、だんだんとわかってくるのだ。

数字の並び方をみて、シンクロニシティの発生具合をチェックすることもできる。

シンクロ度の弱い数字は、カレンダーの数字とか、時間の数字だ。つまり普段よく見慣れている数字は、シンクロ度が低い。それでも、カレンダーや時間でシンクロ度が高くなると、ゾロ目として現れる。

さらに強くなると、クルマのナンバー・プレートの数字に表れてくる。クルマなど移動しながらやってくる数字で、ゾロ目が続出するようになるとシンクロ度はかなり高い。また、自分の誕生日が連発する場合も強いシンクロニシティだ。とくに午前中、まだナンバー・プレートをたくさんみていないとき、あるいは最初に目に入ってくる番号は、シンクロ度が非常に高い。あるいは、起きて最初にみた時間がゾロ目だったりしたら、シンクロ度が極めて高いといっていいだろう。

いちばん強力なのは、みたこともないような場所に書かれた数字をみたときだ。たまたまれ違った人が落とした紙を拾ったら、そこに書かれていた数字が意味のある数字だったりすれば、それはシンクロニシティに間違いないのである。

このようなシンクロ度の高い数字が集まってきたら、それは自分がシンクロニシティのゾーン（領域）に入ったことを意味する。

数列のシンクロ度の高さは、ポーカーの役の高さと同じだ。ゾロ目（1ペア）、二つのゾロ目（2ペア）、同じ数字が三つのゾロ目（3カード）、五つの数字の連続（ストレート）、同じ数字が三つのゾロ目と二つのゾロ目（フルハウス）、同じ数字が四つのゾロ目（4カード）と、段々シ

ゾロ目と意味のシンクロニシティ

1111…＝初心に返らざるを得ないとき現れる。心が虚無《きょむ》な状態のとき。

2222…＝新しい情報を含めて、何かと新しい出会いがあるとき。自分の感情が悪いときにみると、離別がきたりする。天真爛漫《らんまん》な喜びを意味することもある。

3333…＝愛情面で激しい焦りを感じているとき。まだかまだかという思い。

4444…＝なんとなくほのぼのと幸せな気分でいるとき。定型化して抑えるという力がある。

5555…＝これから何かに向かおうとしているとき。いまやっていることが駄目で、何かに移行しなければならないとき。

6666…＝愛情に満たされているとき。

7777…＝なんらかの上下関係の問題や、権力との闘争が待っているとき。いい感情のときにみるとよい結果を、悪い感情のときにみると悪い結果を呼び寄せることが多い。

8888…＝末広がりなとき。良い感情で思っていたことは、良い方向にゆっくりと変わっていく。

9999…＝物事が統合される、括《くく》られるとき。まとまる、終わる、締め括られるような現象が起こる。それまでのパターンをバラバラにするという力がある。


ンクロ度が高くなる。ポーカーはまさにシンクロニシティ・ゲームである。

シンクロ度を測る最も単純なゲームは、じゃんけんである。人数が少ないのにずっと「あいこ」が続くときは、集団的シンクロニシティのゾーンに入ったことを意味し、一人だけが勝ち続けるのは、個人的なシンクロニシティのゾーンに入ったことを意味する。

競馬、麻雀、競艇、競輪などもそうだが、下馬評が高い馬や人が勝つときは、事前にシンクロニシティが起きる確率は低い。ところが、下馬評の低い人が勝つ場合は、シンクロニシティ的現象が連鎖して起きる。いわゆる「大荒れ」という現象だ。

すでに紹介したが、二〇一六年の米大統領選では興味深い現象がいくつも起きた。投票の半年前でもドナルド・トランプの当選を信じる者は少なかったにもかかわらず、戦前の予想を覆して、トランプが勝利した。いわゆる大番狂わせである。そのトランプの当選が決まる前、どのようなことが起こったかというと、開票日のちょうど一週間前に当たる一一月二日に、米大リーグのワールドシリーズでシカゴ・カブスがなんと一〇八年ぶりに優勝を決めている。しかも、カブスのロゴマークは、共和党を象徴する赤であった。

大統領選自体も、シンクロニシティ的だ。というのも、開票日の一一月九日（11・9）は9・11テロの逆さ数字だからだ。

大統領選後にもシンクロニシティ的現象は続いた。開票五日後の一一月一四日には、満月が六八年ぶりに巨大にみえるスーパームーンが観測され、その一〇日後の二四日には、東京都心では五四年ぶりに一一月の初雪となった。

宇宙のすべては数で説明できる

生年月日にしろ、名前の画数にしろ、人間はありとあらゆる自分に関する運命の痕跡を数字に結びつけようとする衝動を古くからもってきた。『超運命学の原理』を著した津島秀彦（一九四〇～一九九二年）にいわせれば、東洋的な運命論には根拠がなくて迷信だということになる。

確かにそうした批判は多い。フランスの有名な統計学者であるミッシェル・ゴークラン（一九二八〜一九九一年）もその一人で、半ば批判するつもりで、星占いなど占星術の統計を取り直した。すると、生まれたときの星座の影響が、統計学上、明らかにあることがわかったのだという。

ところが問題は、最新の占星術師がいっている運勢と、統計学上のデータが一致しなかったことだ。たとえば、火星の接近時に生まれた子供の運勢（火星効果）は、既存の占星術の運勢とは相容れないものだった。結局、ゴークランは、既存の占星術師からも、科学者からも批判されてしまった。ゴークランのように有名な統計学者が、占星術に自分の手を染めたせいで、科学側から痛烈に批判され、とうとう自殺に追い込まれてしまったのだ。

ゴークランの前にも、「負の三賢人」が立ちはだかったわけだ。ここには非常に重要な教訓がある。

数字のシンクロニシティは確かに起こる。逆にその数字をコントロールすることが非常に重要なのである。

数字のシンクロニシティを活用しようとする方法の一つは、まずどのような数字が自分に近づいてくるかによって、予知ができることだ。何が起こりそうなのかが、数字からある程度、判断できる。

易では、たまたま投げたコインの裏表で数値化して、卦を立てる。易の卦は、数字を意味に変えるエンサイクロペディアのようなもので、六四の意味のある数字の羅列に変える（巻末付録222ページ参照）。

数字で予知ができるのであれば、今度はその数字を事前に配置すれば、未来をつくることができるということになる。それが呪術的な思想の根本にある。たとえば、ユダヤ人たちには、そうした呪術を根本としてもっている『ゾハルの書』（注：光輝の書という意味）がある。そのゾハルのなかに、セフィロト（生命の樹）という不思議な構造体の概念が述べられている。この構造体には数字の意味が隠されているとされている。

事前になんらかの数字を考えたり、手でその数の分だけ打ち鳴らしたりするだけで、未来はある程度呼び込めるのだ。

数字をシンクロニシティ・コントロールにつなげるキーとなるのが、音を鳴らすことなのだ。あるいはリズムとか音階がキーとなる。

ギリシャの哲学者ピタゴラスは紀元前六世紀、和音の構成から惑星の軌道まで、多くの現象に数の裏付けがあることに気がつき、宇宙の根源は数であり、あらゆる事象には数が内在すると主張した。ピタゴラスによると、宇宙のすべては数の法則に従い、数字と計算によって宇宙は解明できるのだという。

ギリシャ哲学の重要な柱のなかには、「ムシュケ」があるのはそのためだ。ムシュケとはいまのミュージック（音楽）の語源である。音楽は、宇宙を数値化する道具の一つなのだ。

数字はある意味、宇宙の波動とつながっている。数字は宇宙の仕組みの具現化にも関係がある。その数字を我々は意識をして考えることで、シンクロニシティを起こしやすくすることができるのである。

数で運命を変える秘術・易経

中国漢民族の伝統宗教である道教《どうきょう》では、朝起きたときに自分で最も好ましいとされる数字の数だけ足で踏み鳴らしたり、手を叩いたりすることによって、神様の力を引き出し、運気を好転させるという呪術もある。189〜191ページで後述する、方位、数、性質には関連があるとする易のルールに則《のっと》って、どちらの方向に何歩あるくといった方法もあり、数で運命を変えるのだ。

簡単に説明すると、たとえば、リーダーシップを表す卦は、易では乾（天）だが、その性質を強めたければ、乾の方位である北西に向かって、乾の示す数字である「一」歩分進めばいいのである。

日本でも神社に参拝するときは、二回手を打ち鳴らす。音を数値化しているわけだ。二礼二拍手一拝は、儀礼の数値化でもある。「二」は「喜び」を意味する。二礼二拍手はその「二」をさらに重ねるわけだから、より意味が強くなる。

出雲《いずも》大社で四拍手なのは、荒ぶる神を封印するための「四」だからだ。もっと詳しく説明すると、「四」には定型化する、日常化するという力がある。汎用性《はんようせい》が高まり社会が繁栄するという意味が「四」にはあるのだ。つまり「人の世」に形を変える、神様を人間寄りにして収まってもらうということなのである。そうすると、荒ぶる神々がむき出しになって世に出ることはなくなる。

有名なテニスプレーヤーのなかにも、サーブの前に一三回もボールを地面につく選手がいるが、これも呪術的だ。一般的には「焦《じ》らし作戦」と考えられているかもしれないが、一三という数字は欧米の文化圏で「魔の数字」とされているように特別な意味がある。日本でも一三は、「四（死）」と「九（苦）」という、忌み嫌う二つの「魔の数字」を足した数字になっているのは、単なる偶然ではない。一三には、呪術的に相手の力を抑える力があるのだ。

それは「四」も「九」も同じで、「九」には相手のシンクロニシティ・パターンをばらばらにするという力がある。「四」には先述したように「定型化して抑える」という力がある。神がかったことを人間の常識のレベルに戻してしまうという力だ。「四」と「九」は本当に「四苦八苦」を引き起こす。突出して何か伸びようとする人に対して、その機会を軽減してしまうのが「四」と「九」である。その二つの数字を合わせた数字である一三はさらに強い力をもつ。

しかもテニスの対戦相手は、その一三回つくボールを見続けなければならない。相手の意識に一三を植えつけるわけだから、かなり強力な呪術となるのだ。

ただし、呪術を通そうとすると、シンクロニシティが激しくなる状態をつくっておく必要がある。それができていない場合は、呪術は通らない。ということは、対戦相手もシンクロニシティが起こりづらくなるような呪術をかければいいということになる。

数のもつシンクロニシティ効果については、巻末の表5（238ページ）、表6（235ページ）、表7（232ページ）に記したので参考にしてほしい。

「服飾」シンクロニシティ操作術〈超応用法2〉

服飾界は呪術だらけ

シンクロニシティ・コントロールのある種、呪術的な伝承の世界でいちばん大切なのは、自分の体に、良いシンクロニシティを起こすもととなる、種のようなものが蓄えられるようにすることだ。

中国ではそれを「気」ととらえている。気を練って強くするのである。同時に気が汚《けが》れないように守るということも必要になる。大切なものにいろいろな人の思いや感傷が加わると、気が乱れたり減ったりすると考えるわけである。これと同じような発想は、日本の古神道的儀礼や西洋のカバラなどの呪術的世界にも見受けられる。

その延長線上にあるのが、ここで述べる服飾のシンクロニシティである。

そもそも、**服装そのものが、もともとは呪術的なことから発達した**といわれている。そのなかでよく使われるのが、たとえば若い娘の汚れなき魂を守るためには、花柄を身につけることだ。赤い色を身に纏《まと》うのもいい。男性の邪視から守るためにペイズリー柄のバンダナやスカーフを身に着けたり、複雑柄、唐草模様のものを着たりするのも効果的だ。

とくに服飾のなかでは、鉱石や宝石類とも関連してくるが、シンクロニシティの力が乱れやすい胸の辺りや耳の縁《ふち》に石を配置したり、金属を配置したりする方法が有効である。それがペンダントとかイヤリングだ。イヤリングは本来、人の悪口を聞かないための呪《まじな》いで、ペンダントは心臓のリズムを他人によって乱されないようにする呪いであった。こうした服飾によって、自分のペースを守ろうとしたわけである。

白と赤と青の色で重ね着をする方法も効果的だ。そうすると、邪気が入らなくなる。

折ったり曲げたりしたもので囲んだり包んだりすると、悪いシンクロニシティの影響を受けなくなる。折り曲がったものとは、襞《ひだ》のあるギャザースカートやプリーツスカート、折り曲げてフワフワにしたフリルを身に着ける服飾のことだ。格子柄、チェックもいい。こうした服飾は、悪いシンクロニシティを遮断《しゃだん》することができる。

逆に横縞《よこじま》や縦縞《たてじま》の服は、囚人服が有名だが、世界中で古来から悪事を働いた人に着せた。このことからもわかるように、その人のシンクロニシティを封じる力があると考えられている。縦縞は頭角を現しづらくなるし、横縞はやっている努力が認められなくなったり実らなくなったりするといわれている。あまりにもはっきりした縦縞や横縞は服飾として着るべきではない。

ネクタイにも、いろいろなシンクロニシティがある。模様は自分からみて左上がり（相手からみて右上がり）のストライプが良いとされているし、自分からみて右上がりは伸びないとされている。国やそのリーダーの浮き沈みも、そのリーダーの普段のネクタイの柄が関係するとの俗説もあるくらいだ。

水玉模様をつけると、とにかく寂しくなる。有名な話では、海部俊樹《かいふとしき》元首相が水玉模様のネクタイをよくしていたので、恵まれない「寂しい首相」になったといわれている。海部氏はいい首相だったと思うが、あのネクタイさえやめていればと思わざるを得ない。

既存の心理学でも、赤を着る人はもてるといわれている。ドナルド・トランプ米大統領も、中国の習近平《しゅうきんぺい》国家主席も、最近の政治家は赤いネクタイをする場合が多い。大統領選のテレビ討論会でも赤のネクタイをするのが、当たり前になっている。

服選びに使うダウジングの技術

服選びでは、ダウジング（杖占い）をする方法もある。お勧めは身体を使ったダウジングである「三本指のテクニック」だ。

このテクニックでは、まず対象の服を思い描き、その服が自分にとって良いかどうか質問する。そこで軽く利き手の指を握ってグーにして、次に大きく開いて力を抜いたときに、人さし指、中指、薬指の三本の指のなかでどれが最初に動いたり、震えたり、下にさがったりしているかを観察する。変化があったものが質問の答えとなり、人さし指ならば「イエス」で薬指は「ノー」だ。中指に変化があったときは、質問の仕方が悪いか、測定不能か、あるいはどちらでもいい、である。

このやり方がわかりづらいという人には、「『体の感覚』シンクロニシティ操作術」(162ページ)でも触れるが、足末《あなすえ》の法がある。足の反応をみる方法だ。

まずは「今日はこの服装でいいでしょうか」と質問をする。そのときに、どちらの足に反応がくるのかをみるのである。その反応の仕方は人によって違うが、たいていは、どちらかの足が温かくなったり、ビリビリ、ピクピク、ポコポコしたりする。その反応が左足にきたら「イエス」で、右足にきたら「ノー」だ。

実際にダウジングをする手もある。ダウジングはL字の針金や重りをつけた振り子でおこなう場合もあるが、手元にそうしたものがない場合は五円玉があれば十分だ。五円玉の穴に糸を通して結び、それを手で軽くもって地面から五センチくらい離したところで吊るす。糸の長さは、なんとなく自分がやりやすいと思う長さでいい。これで準備完了だ。

この時点で、自分でルールを決める。吊るした五円玉が回ったら「イエス」で、回らなかったら「ノー」でもいいし、その逆でもいい。自分がやりやすい方法でいいのだ。私の場合は、横に振れたら「ノー」で、縦に振れたら「イエス」、回転したら「わからない」と決めておこなっている。糸ではなく、自分の髪の毛を使うと、五円玉はより動きやすくなる。

服飾はまさに自分が決めるものなのだ。派手なものがいいわけではなく、また質素だからいいというものでもない。質素でも質のいいものを着るように心掛けるべきだ。服飾センスのいいものを着ることは、良いシンクロニシティを起こすうえで非常に重要だ。

清貧の勧めの落とし穴

ライフスタイルのなかの食事でいえば、調子の悪いときには、食べ物を減らすのが鉄則だ。逆に調子の良いときは、美味《おい》しいものをたくさん食べることを勧める。野菜の青いところ、ビタミンバランスの良い食事、きちんと肉などたんぱく質を取ることがシンクロニシティを潤滑に起こすポイントである。

江戸時代に人間の人相とシンクロニシティを研究した観相学の大家・水野南北《なんぼく》（一七六〇〜一八三四年）は、最終的には小食を勧めているが、調子が良いときや、楽しい感情であるときは、なんでも食べていいのである。感情の悪いときは水野南北がいうように小食にして、体に良いものだけを食べることだ。とくにやけ食いは、最悪なシンクロニシティを引き寄せる。文字どおり、「自棄《やけ》」という自分を否定する現象が自分の周りに現れるようになるからである。

古来、多くの宗教では、運を良くするためのいろいろな修行法が開発されてきた。そのなかでいちばん大事なのは、普段から安定した、きちんとしたリズムの生活をすることである。毎日規則的なことを繰り返すことによって、シンクロニシティが起き始めたことを敏感に察知できるからだ。普段から不規則、変則的な生活をしていると、何かシンクロニシティが起きても気がつかない。ところが、規則的な生活をしていれば、日常的にやっている所作がどうもいつもと微妙に違うことがわかるようになるのである。

たとえば、朝庭の掃除をしているときにセミの抜け殻を拾うとか、カーテンを開けたときに目の前にツバメが飛んでいるのをみるとか、そうしたちょっとした変化に気づくようになる。そのとき、目に飛び込んでくるものが、シンクロニシティの始まりを告げることが多々あるのだ。というのも、シンクロニシティでは、普段あり得ないような事象が重要な意味をもつからである。

それを読み取るためには、普段から安定した生活をしていなければならない。朝、きちんと同じ時間に起きて、安定した感情で過ごしながら、同じことを繰り返す。そうすると、ちょっとした場の乱れに気づく。シンクロニシティが起きていることがわかるわけである。

「チャーム」シンクロニシティ操作術〈超応用法3〉

形に秘められた開運の魔力

チャームは、もともと呪具、お守りとして使われてきた。

世界のお守りにはいくつかパターンがある。たとえば、アメリカのネイティヴ・アメリカンの間では、ドリーム・キャッチャーと呼ばれる、小さな円い網のようなものに鳥の羽根やビーズなどが飾られた神聖な道具が使われている（図10）。もともとはオジブワ族に伝わる、輪を基にした手作りの呪具であったが、最近では土産物屋でも普通の観光土産として売られている。

動物の牙、爪も古くからお守りとして使われてきた。それが簡略化したものが勾玉《まがたま》である。つまり、勾玉は牙や爪の形を表しているのだ。

形はチャーム・シンクロニシティでは重要な役割を果たしている。ドリーム・キャッチャーのような網目模様、勾玉のような鉤《かぎ》形、縄文土器にみられる縄や紐の模様、十字架のようなクロス、そして羽根のような形のものだ。

最近では、銀でできた羽根のペンダントをする人も増えてきた。その羽根は自由のシンボルである。自由に関係するものとシンクロニシティを起こす。牙や勾玉は力のシンボルだ。力を強くするものを引き寄せる。

「目」も重要な形のシンボルだ。丸のなかに黒い丸があるのは目のシンボルである。神道でも

図10　ドリーム・キャッチャーの例

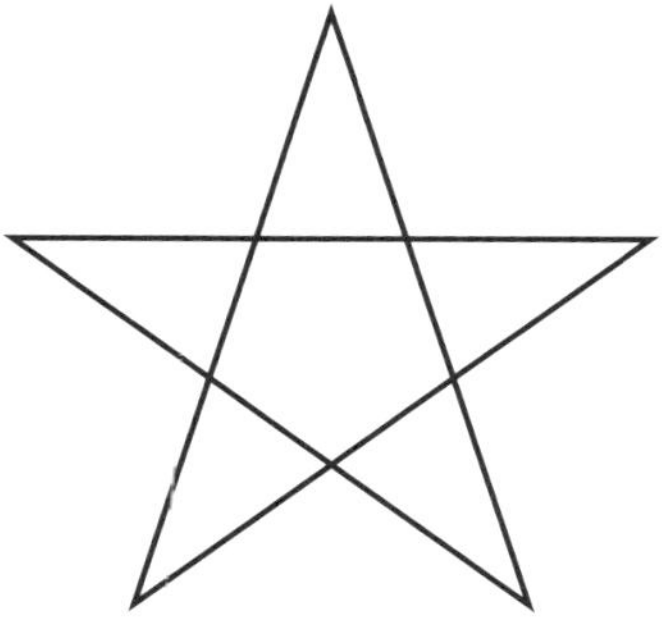

図11　五芒星

丸に点を書く「ス」のシンボルは、中心にある目を表す。「ス」は、アカサタナの行の中央にあるからだ。中東では、ガラスでその目のシンボルをつくったりするという。

こうした目のシンボルは、相手からの悪意のあるシンクロニシティに自分がまきこまれないようにするためのチャームだ。あちこちから飛んでくる悪意を撥《は》ねかえすとされている。

「目」と同じような効果があるとされるのは、手のひらの形だ。この形も、相手の悪意を撥ね

図12　十種神宝

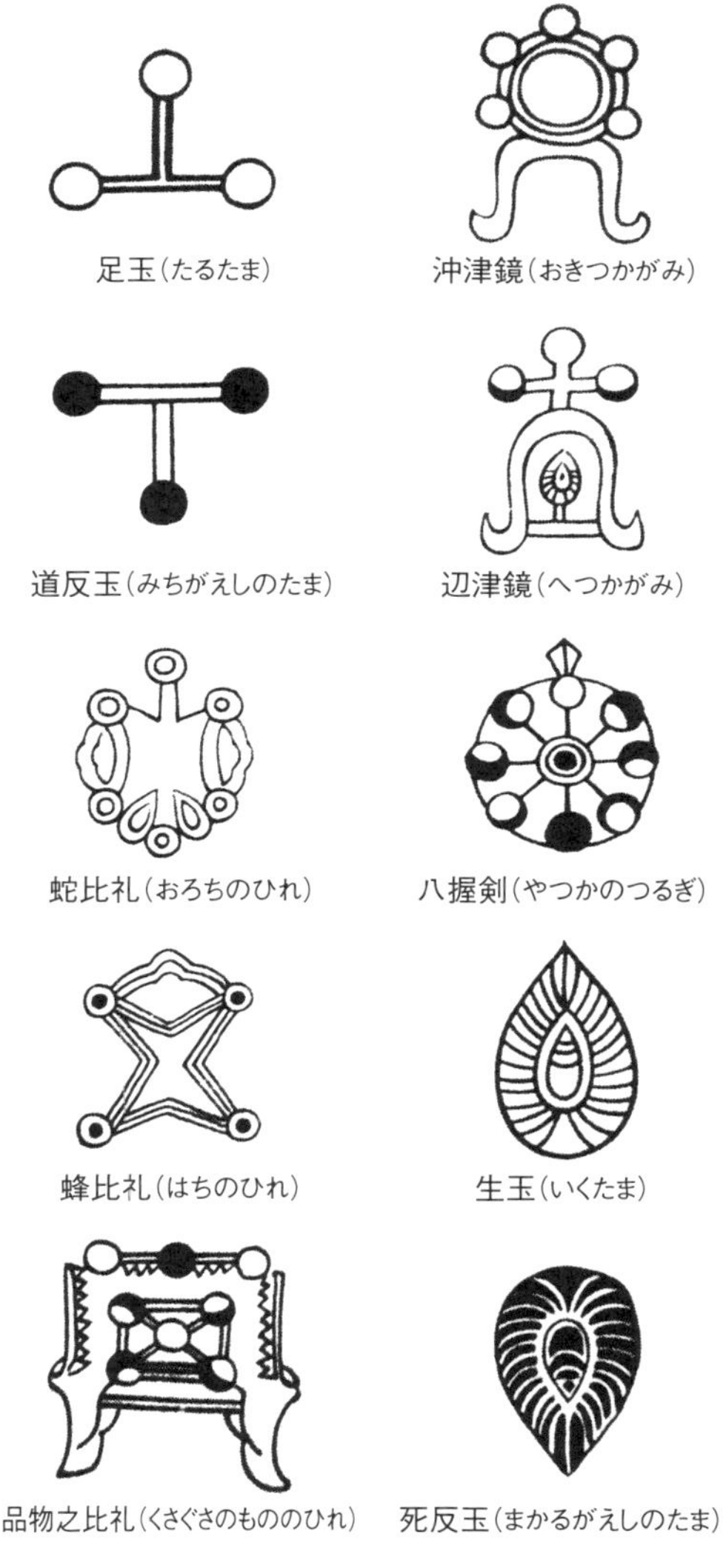

かえすとされている。その手のひらの真ん中に目を描くこともある。手は奇しくも、五芒星《ごぼうせい》（図11）の縮図であるともされている。チャームとしての五芒星は、「守る」という力を宿している。五芒星のマークが軍服にシンボルとして使われるのも、米国防総省の建物が正五角形をなして「ペンタゴン」と総称されているのも、この五芒星の呪術が背後に隠されているからだ。

三角形やピラミッドは、自分の情熱を湧かせる、興すという力がある。この形によって、熱意が湧いてくるとされている。

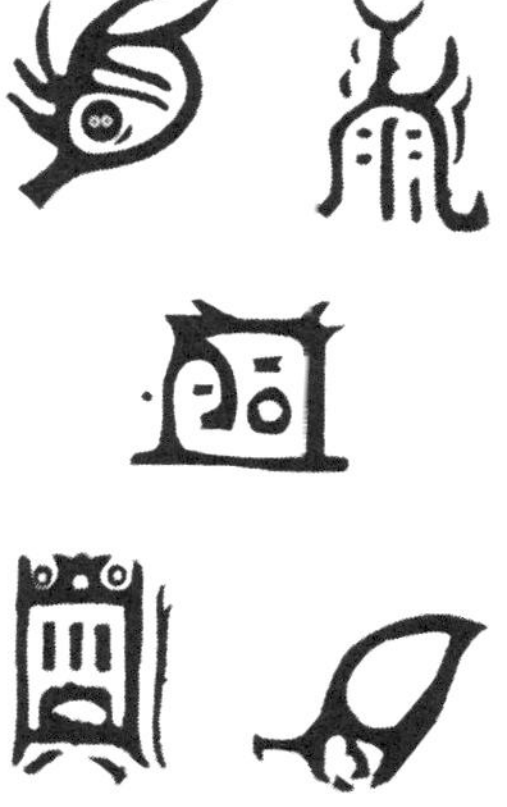

図13　五岳真形図

図14　釈迦の印

ひし形は生産性だ。生み出るとか、生み出すこととシンクロニシティを起こす。四角と同様に大地のシンボルである。また女性の性器の象徴ともいわれ、竹を斜めに切ったときの形もひし形にたとえられる。かぐや姫が切った竹から生まれたとされるのも、ひし形が関係しているのである。

幸運を呼び込むチャームの形のなかで、最も強力なシンクロニシティをもたらすとされているのが、十種神宝《とくさのかんだから》（図12）、五岳真形図《ごがくしんぎょうず》（図13）、釈迦の印（図14）だ。この形をみているだけで、開運の効果があるとされている。

「左右対称」が潜在意識を刺激する

形で呼び込むシンクロニシティでいえば、言葉を逆さにする手もある。逆さにすると、正位置から読んだ言葉が潜在意識に喚起されるような現象が起こる。回文（上から読んでも下から読んでも同じ文章になる文）とか左右対称の形とか語句には、シンクロニシティ的呪術の力が宿っているのだ。

たとえば、「アンビグラム」といって、語を与えられた形式だけでなく、異なる方向からも読み取れるようにしたグラフィカルな文字がある。言い換えると、ある文字を本来の向きで読めるだけでなく、違う見方をしても読めるように書く文字アートだ。多くの場合、左右対称風に書かれる。

ABRACADABRA
ABRACADABR
ABRACADAB
ABRACADA
ABRACAD
ABRACA
ABRAC
ABRA
ABR
AB
A

図15　シンメトリーな図形の呪術の例

有名なのは「イルミナティ（Illuminati）」の例だ。一八〇度回転させて読んでもIlluminatiと読める面白い意匠の文字がある。アメリカ人の作家ダン・ブラウン氏（一九六四年〜）が書いた小説を映画化した『天使と悪魔（Angels & Demons）』に出てくるアンビグラムだが、作品のなかでも重要なモチーフとして登場している。

アンビグラムの「アンビ（ambi）」には「両方」や「周囲」という意味がある。周辺や両端が潜在意識にインプットされやすい現象をうまく利用した呪術なのである。人間は無意識のうちに両側を気にするという感覚があるからだ。

このように左右対称にすると潜在意識に入りやすい。シンクロニシティを封じたり起こしたりする目的でも使えるのだ。

五行の「木火土金水」も、すべて漢字が左右対称だ。お堂の「堂」も、「霊」も、左右対称である。このように呪術に関わる言葉には左右対称形が使われる。

面白いのは、漢数字だと、「五」と「七」と「九」だけが左右対称形ではないことだ。このうち7と9は、実はシンクロニシティを止める数字でもある。

我々がよく知っている「アブラカダブラ（ABRACADABRA）」という呪文も、実はシンメトリーな形を使ったチャームにほかならない。その字配りは、図15のように逆三角形で、一行目のABRACADABRAが、二行目以下で一字ずつ文字数が減少して、最終行ではAの一字だけで終わる。この形を使うと、病気や不運が自然に段々と消えていくと考えられている。とくに、これをお守りに刻印すれば治癒力をもつと信じられた。この呪文はすでに二世紀ごろには存在し、ローマ帝国全体に流布していたのではないかと、作家の綿谷雪《わたたにきよし》が『ジンクス』に書いている。また、エンブレムや人の顔のようにみえる左右対称のつづり（OTO、AMA、CVCなど）もシンクロニシティを呼ぶ。

「気象」シンクロニシティ操作術〈超応用法4〉

王朝交代期に現れる日暈

もともと、山の気配・たたずまいや雲の動きをみて未来を知る考え方は、中国にも古くからあった。望気術と呼ばれるものだ。シンクロニシティを起こすエーテルのようなものがあって、それを中国では「気」と呼んだ。この「気」の字は、大地から雲が立ち昇る形を表しているとされている。つまり、雲を読むということは「気」を読むということであった。

確かに、いろいろな事件や出来事が起こる前後には、その社会的出来事が雲に現れることがよくある。私の知人は、二〇一三年に「イラクのイスラム国」（ISI）がシリアの過激派組織「アル＝ヌスラ戦線」と合併し「ISIS（イラクとシリアのイスラム国）」と呼ばれるようになる一年か二年前に、雲がアルファベッドの「ISIS」の形になったのを目撃している。当時は、本人はエジプト神話の女神イシスのことかと思ったようだが、いまから思うと「イスラム国」の誕生を予言する予兆であった可能性もある。

そういう特殊なケースは別にしても、**厚い雲が低く垂れ込めて急に暗くなり、雷が鳴り響く雷雲も、不穏なことが起こる予兆**とみることができる。火山が爆発すると、火山灰が暗雲となって空を覆い、雷が鳴り響くが、やはりこれも実際に不吉な予兆であることは間違いない。作物に多大な被害が出るからだ。

奈良市長を四期務めた鍵田忠三郎（一九二二〜一九九四年）は、地震雲を研究した一人だ。彼は雲の形をみて地震が予知できると主張、『これが地震雲だ』という本を著している。それによると、地震が起きる前にはどこかでその前兆となる地震雲が出ているという。

その地震が起こる場所の周辺に、同心円状に筋雲が出る場合（発生の約二四時間前）と、その震源地から真っ直ぐに幾筋もの放射線状に筋雲が出る場合（発生の約四八時間前）があると説いている。その筋雲は非常に細くて長い雲で、とくに放射線状の筋雲は定規で線を引いたように真っ直ぐで、かつ長い（図16上）。一方、同心円状の筋雲の場合は、淵がなんとなくもやもやした感じになっており、まるで階段のように重なって現れる（図16下）。

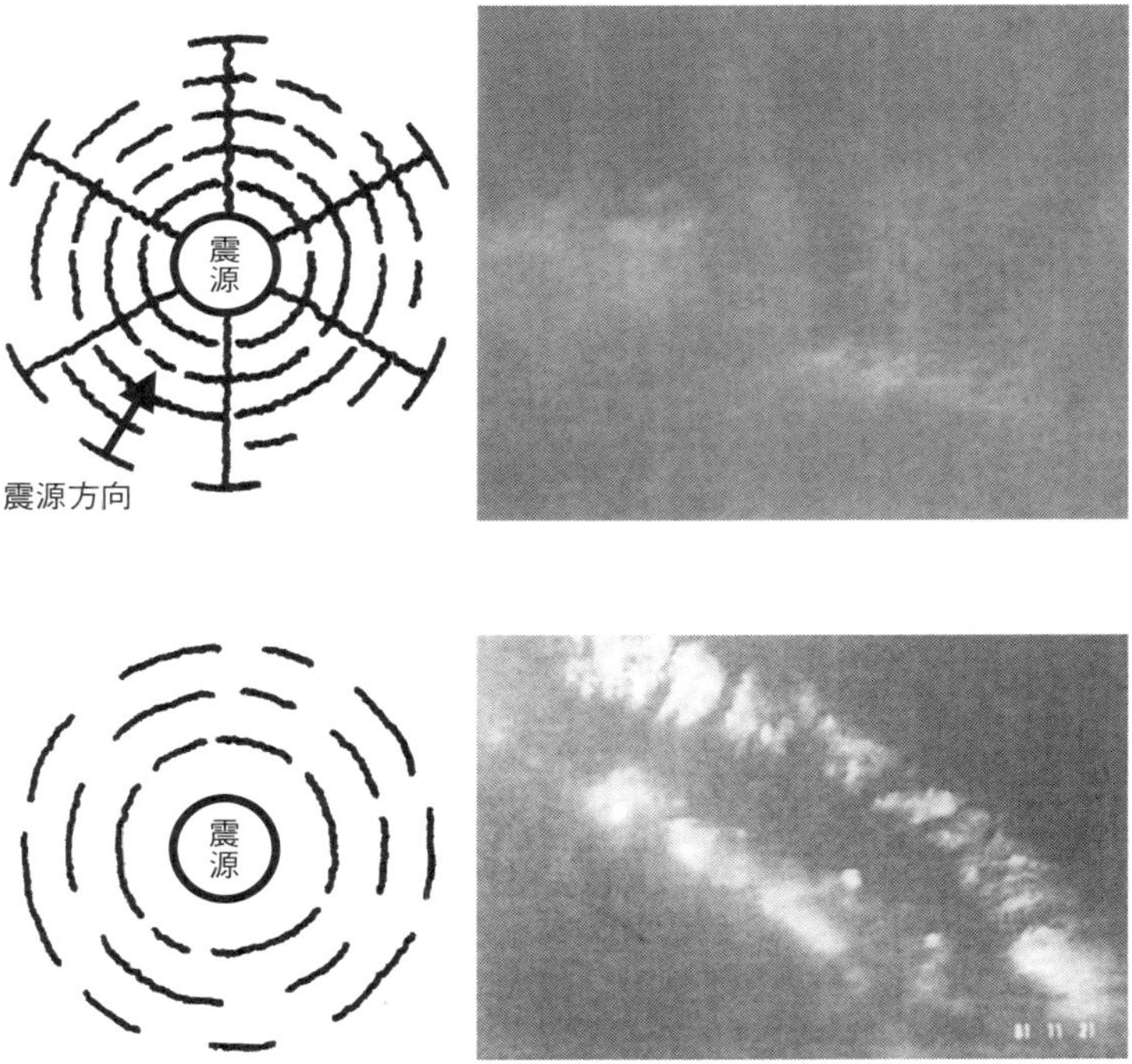

図16　震源から放射状に雲が出る例（上）と同心円状に出る例（下）
（『決定版　これが地震雲だ』鍵田忠三郎著より）

図17　4月28日撮影の日暈（撮影：布施泰和）

ただし私からみれば、階段のようになって現れる、いわゆる「ラダー・クラウド」は、何も地震の前触れとしてだけ発生するのではない。ＵＦＯの出現が近いときや、何か異常な事象が発現するときに「ラダー・クラウド」が発生することが多い。シンクロニシティ的な特異な事象が近づいているときや、シンクロニシティの力が強まっているときに現れるのだ。

みたこともないような筋雲が出ているときや、空がある一線で雲と青空に分かれるようなときも同様だ。**夕焼けが非常に美しく五色に輝いたり、太陽にひんぱんに暈《かさ》がかかったりするときも、シンクロニシティのゾーンに入っている可能性が高い。**

二〇一九年でいえば、新天皇即位があった五月一日を挟んだ数日間、巨大な日暈《にちうん》（「ひがさ」とも。太陽の周囲にみられる光の輪）がひんぱんに目撃された。印象的なのは、ちょうど四月二八日と五月五日の日曜日に出た日暈だ。二八日に私の知人二人が別々の場所でたまたま撮影した時刻をみると、午前一一時二二分と午前一一時三三分と、どちらもゾロ目であった（図17）。また、五月五日の日暈もほぼ同時刻に発生している。

実際、古代インドの天文学者で占星術師のヴァラーハミヒラ（五〇五～五八七年）は、王の交代のあるときには、ひんぱんに日暈が発生すると『占術大集成』に書いている。

気象学者にいわせれば、彩雲だろうが日暈だろうが、雲の水滴で日光が回折するために生ずる現象であるということになるのだろうが、ではそういう現象がいつも起こるのか、と問いたい。これに対し気象学者は、ある気象条件が揃えば起こるというだろうが、その条件をあり得ない確率の数字のゾロ目のように揃えるのがシンクロニシティなのである。

関東大震災を予知した「足のない入道雲」

それ以外にも、激しく陰と陽に分かれた（陰影のはっきりした立体感のある）、ブロッコリーのような入道雲が出たときも、シンクロニシティが起こりやすくなる。それが如実に表れたのが、一九二三年九月一日の関東大震災発生の前後に出たという入道雲だ。前出の鍵田によると、大震災の二日前、名古屋（二例）と前橋（一例）で青空に白い帯状（放射状の筋雲）の地震雲が出て、一時間ほど停滞、その帯状の雲はいずれも震源方向を指していたという。そして地震発生の一時間前、鍵田がいうところの、むくむくとして、どす黒い「足のない入道雲」が比較的低い層を歩くように動き始め、地震後もしばらく漂っていたのだという（図18）。

このような陰影のはっきりした入道雲は、シンクロニシティが起きやすい状態が発生している ことを示しているといっていいだろう。

図18　関東大震災直前に現れた足のない入道雲（上）と同震災の直後の東京方面の雲（下）
（『決定版 これが地震雲だ』鍵田忠三郎著より）

何か悪いことが起こりそうなときに「雲行きが怪しくなる」というが、これはまさにシンクロニシティのことを指しているのである。

とくに雲に変化が出るときというのは、政治の予兆として現れてくることも多い。政局が変化する前に、普段あまり起こらないような気象現象が起こるのだ。雹《ひょう》が突然降る、彩雲がかかる、太陽に虹色の暈がかかる、太陽が乱反射していくつも現れる、明暗の激しい入道雲が出る、といった気象現象は、政局とも密接に関連しているように思われる。二重の虹がかかるときも、同じように政局に変化があることが多い。

稀《まれ》に、馬蹄《ばてい》形《けい》の雲がものすごく速いスピードで大空を横切ることもある。これが現れたら、馬蹄雲がきた方角で近く地震が起こる確率が高いとされている。

中国では動物や植物が地震を〝予知〟

雲の形状をみて地震を予知する方法のほか、中国では動物や植物を観察して地震予知に役立てる研究をしていることが知られている。その研究成果は、中国科学院生物物理研究所地震グループが著した『動物が地震を知らせた』という翻訳本となって日本でも紹介されている。

この中国の研究が脚光を浴びたのは、一九七五年二月四日午後七時三六分に中国遼寧省南部地区の海城《ハイチヨン》一帯にM七・三の地震が発生した際、行政当局が動物の異常行動などを根拠にして事前に地震警報を発令、一部の住民を避難させることに成功したとされているからだ。

それによると、最初に異常な行動を始めたのは冬眠中のヘビであった。地震発生の約一か月以上前の七四年一二月下旬から、ヘビが寒中にもかかわらず続々と穴を出て凍死しているのが目撃されるようになった。その数は七五年一月上旬には約一〇日間で二三匹に達し、その後も一日一〜三匹穴から出てきたヘビ（多くは凍死）が目撃されたという。ネズミの異常行動は地震の当日がいちばん多く、群れをなして穴から出てやたら走り回り、人を怖がらず、ネコすら恐れる様子がなかったと報告されている。

そのほか、地震の当日、五一羽のガチョウ、七四匹のイヌ、三五九頭のブタに、狂ったように吠えたり、囲いを破ったりする異常行動がみられたという（図19）。

また、一九七六年七月二八日に発生したM七・八の河北省の地震の前には、竹の花が咲く、柳が枯れる、果樹が実をつけたまま開花するといった異常現象がみられた、と書かれている。

この本を書いた中国科学院の地震グループは、こうした動物の異常行動や植物の異常現象が何を感知して起きたのかは明確にはわからないが、明らかに通常とは異なる行動や現象が発生したとわかる場合は、地震発生の直前予報に積極的に活用できるのではないかと結んでいる。

おそらくこうした事例のなかには、人間が時に経験する「虫の知らせ」のようなシンクロニシティが多く含まれているのではないだろうか。だとしたら、それを有効に活用しない理由はない。

図19　海城地震で報告された動物の異常行動

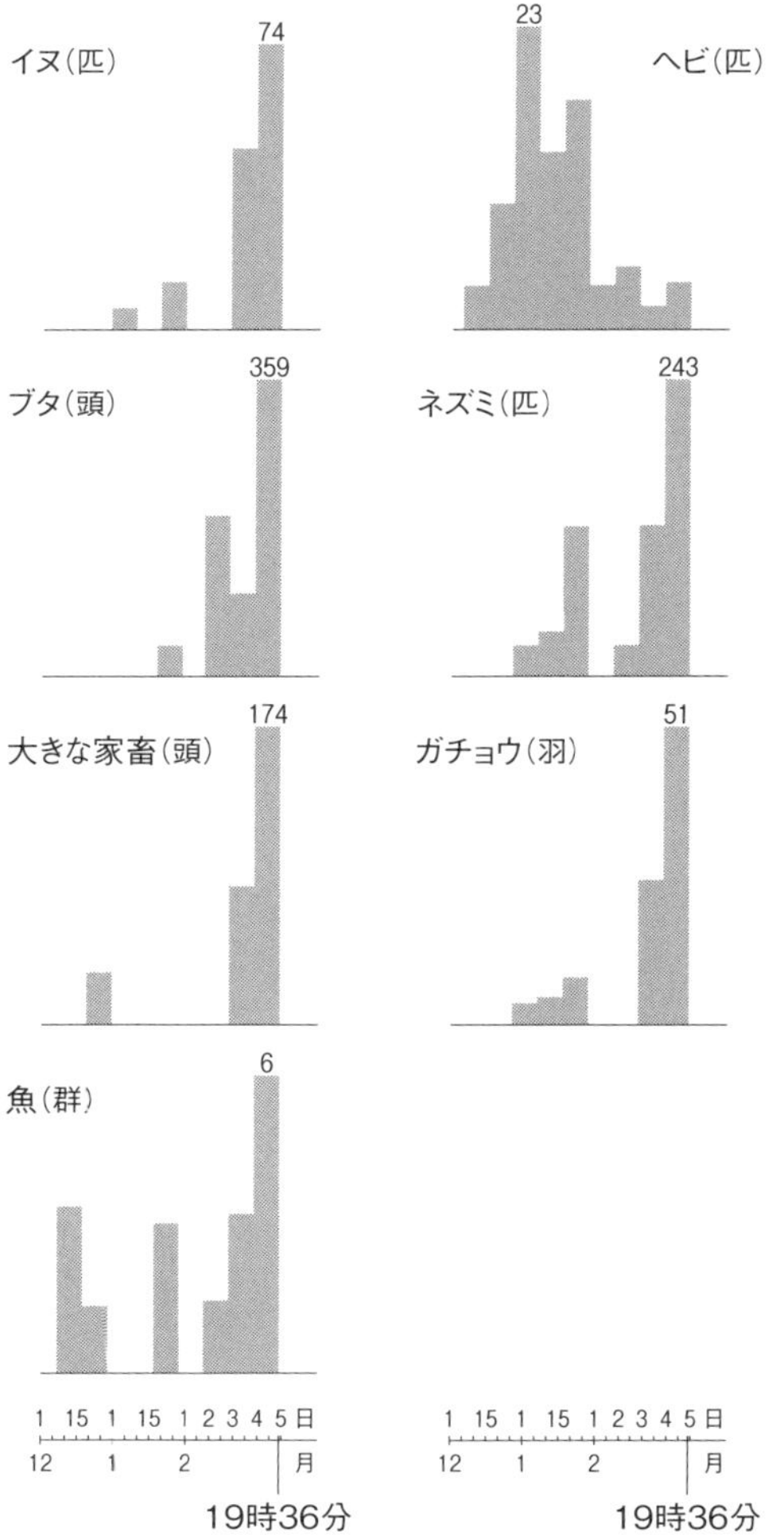

海城《ハイチョン》地震（1975年2月4日、M＝7・3）の前における動物の異常反応の時間分布

柱状グラフ最上端の数字はその時間帯に異常をあらわした個体数を表示する。その他の時間帯の数値はそれに比例して換算される。グラフ横座標の表す時間は均一ではない

出典：『動物が地震を知らせた』中国科学院生物物理研究所地震グループ編・現代中国科学研究会訳

「時間と日付」シンクロニシティ操作術〈超応用法5〉

後ろめたさを消すのがコツ

すでに紹介した、阪神・淡路大震災を生き延びた喫茶店「5時45分」のように、時間とシンクロニシティは想像以上に密接に連動して起きることがある。とくに朝起きて最初にみたときの時計の数字が一一分、二二分などのゾロ目であったり、何か仕事や勉強に熱中していて、それが終わってふとみた時間が一一時一一分などのゾロ目だったりした場合は、シンクロニシティが起こりやすくなっていることを示している。ゾロ目だけでなく、自分の誕生日などの意味ある数字が、ふとみた時計の時間と一致する場合は、シンクロニシティのゾーンに入っている。

誕生日に意味を与えようとする星座占いなどの占いがいまの時代でも賑《にぎ》やかだが、それだけではなくて、ある特定の日付に特定のシンクロニシティが起こることもある。たとえば、キリスト教の教会では、三六五日すべてにそれぞれ聖人が当てはめられている。その聖人の守護日のなかには、動物の守護聖人（聖アントニオ）や歯科医の守護聖人（聖女アポロニア）、恋人たちの守護聖人（聖バレンタイン）らがいて、それぞれが守られる特別な日になっている。これもシンクロニシティに関わる重要なテーマだ。

東洋の場合も、「節」が非常に重要な役割を担っている。たとえば、シンクロニシティが起こりやすいのは、月と日付が同じになるときだ。すなわち、三月三日（桃の節句）、五月五日（端午の節句）、七月七日（七夕）、九月九日（菊の節句）などだ。とくに重陽《ちょうよう》の日と呼ばれる菊の節句には、非常に強いシンクロニシティが発生して消えるといわれている。

冬至、夏至、春分、秋分——こういった分け目のときにもシンクロニシティが起こりやすくなる。四年に一度訪れる閏日《うるうび》も、特異な現象が発生しやすいという考え方もある。

すでにキールらによって指摘されているが、月の二三、二四日にも超常的なことが起こる確率が高まる。日本では「二十三夜待ち」があることはすでに説明したとおりだ。教祖や巫女、霊媒と呼ばれる直感能力が高いとされる人々がさまざまなヒラメキ、啓示を受けた日付も、また二三日、二四日におどろくほど集中している。

こういう**節の日には、願望をイメージしたり、祈ったりすると叶いやすい**とされている。世界中の宗教的なお祭りがそういう節目的な日付にあるのは、決して偶然ではない。宗教的な祭りには、シンクロニシティ的な意味があるのだ。

とくにそういう日にちに、**同じような目的をもった、たくさんの人たちが集まって、集団で意識したり祈ったりすると、非常に強いシンクロニシティが起こる**とされているのである。

5章の心構え（121ページ）のところでも述べたが、願望などを祈る際、淡く、他人の喜びに必ず結びつけて祈ると、より実現しやすくなる。ただし、それは道徳的な理由から、他人のために祈るのではない。人の幸せを祈ることによって、自分の心が安心するからだ。曇りのない心で祈ることが大事なのだ。ではその曇りとはどこからくるのか。それは自分の願望だけを通そうとすることの後ろめたさでしかない。我儘《わがまま》だけを通そうとする祈りは、どこかでひっかかり、叶いにくくなるのである。

言い換えると、祈る側に後ろめたさがあると、祈りは届かないのだ。潜在意識にある後ろめたさは、後ろめたさが現実化するようなシンクロニシティを引き寄せる。しかし、他人の喜びのために祈るのであれば、その後ろめたさは軽減もしくは消滅するのである。

祈りに関するほかの問題としては、いまが不幸だからなんとか他力本願的にそこから脱出しようとする悲壮な祈りも、叶うことは難しい。たとえどのような正当性があったとしても、悲壮な祈りは、悲壮感だけが現実化するからだ。ほかにも、人を攻撃するようなうしろめたい祈りも、実現はむずかしい。むしろ自らが滅ぶことになるであろう。

「体の感覚」シンクロニシティの操作術〈超応用法6〉

体に現れる未来からの警告

体に現れる形や相と、その人を取り巻く環境が連動する不思議な現象がある。それを研究したのが相術である。体の部位の症状（反応）と、外界の事象とのシンクロニシティは、次のとおりだ。

【1】足

指の先端にいけばいくほど、時間的に近い将来の事象とシンクロしている。逆に、足の付け根にいけばいくほど、少し時間的に先の将来の事象とシンクロする。足は未来に起こる事象と関係があるのである。

たとえば、両足の親指が痛くなるようなことがあれば、非常に危機的な状況が迫っていることを意味する。そのときは、真逆に動かなければならない。真逆というのは、まずはやっていたことをやめることだ。Aという方向に動いていたら、Aにいくことをやめて、逆の方向に避難すればいい。北に向かっていたのなら、南にいけということだ。

一方、いま考えていることが、未来において発展的で有効なことであれば、左足にピクピク、ポコポコ、ピリピリという反応がくる。それが否定的な結果を生むものであれば、右足にピクピク、ポコポコ、ピリピリという反応がくる。

つまり、左足にくるのは、発展的かつ積極的で肯定的な反応であり、右足にくるのは、消極的で否定的な反応なのだ。

とくに**未来に関わる経済的なことや金銭に関わることも、足に反応が現れる**。たとえば、将来お金が得られるか得られないかといった問題も、左足にくるのはゴーサインであり、右足にくるのは、ストップのサインということになる。

何か商談をしているときに、自分の左足に反応がくれば、将来的にお金になることを示唆しているわけだ。反対に、右足に反応がくれば、たとえどんなにいい話のように聞こえても、駄目になる可能性が高い。

予知性と足は非常に強く結びついている。とくにお金に関する幸不幸と足は、密接な関係がある。昔の人は「お足」という言葉をよく使ったが、お足といえばお金のことであった。

それだけでなく、昔の人は、自分の足の右左の反応をみるだけで、未来を予測することができる技術を伝え、もっていたのである。これを「足末《あなすえ》の道」と呼んだ。

日本神話で、スサノオと結婚するクシナダヒメの両親であるアシナヅチとテナヅチも、この足末の法や、手でおこなう占い法に熟知した呪術師か占い師だったのではないかと思えてくる。足末は、穴据えの転化ではないかとの説もある。穴据えとは、穴に自分を据える、その立場に立つ、という意味である。相手の立場に立って占うのは、占い師の十八番《おはこ》だ。

八人の娘がいて、八つの頭と八つの尾をもつ八俣大蛇《やまたのおろち》が、八つの山と八つの谷を越えて、八番目の娘クシナダヒメ（クシは苦死）を食べにくるというストーリーは、易の八卦を思い起こさせる。足末の法を使って、クシナダヒメの未来の結婚相手を決めたと考えると、また面白い。

【2】腰

上下関係や地位に関することは腰に反応が現れる。腰は肉月に要と書くが、まさに上下関係の要ということだ。ありとあらゆる意味で、**「目上に自分が認められるかどうか」あるいは「自**

分が目上にどのような感情をもっているか」についての反応が腰にくる。

腰の調子が悪くなるというときは、上下関係で問題があったり、軋轢《あつれき》を感じたりしていることを意味する。社会や会社のなかで、自分より立場が強かったり権力があったりする上司の命令にどうしても自分が従えない、あるいはいい感情で受けられないといったときに、腰に反応がくる。

腰の反応も、足と同様に左右で意味が違う。腰の左に痛みや不快感が出たら、命令に従えないという気持ちが強いときだ。逆に腰の右に反応がきたら、消極性を意味するので、少しだけ嫌な気持ちがあるというだけのときだ。だから、左に反応があるときのほうが、まずい状態の場合が多い。放置しておくと、悪化する可能性もある。だから腰に悪い反応があるときには、なるべく早く医者にいって、治療してもらうべきだ。

腰のいちばん下にある仙骨《せんこつ》は、最も古い先祖の意志がいまも生きて宿っている部位でもある。基本的に背骨は三三対あって、それぞれに一〇〇年ごとの先祖の意志が入っているとされている。だから、仙骨には三三〇〇年前の先祖の意志が宿っているのだ。

もし仙骨の周りが痛くなったり、調子が悪くなったりしたら、非常に古い先祖とのつながりが悪くなっていることを示している。霊的な障害や先祖の障害というのも、腰に出やすくなる。

逆に腰の状態を良くしようと思ったら、先祖に対して良い感情をもつとか、先祖のことをよく知るように努めることだ。

【3】腹（胴）

よく「腹黒い」とか「腹に収まらない」「腹に据えかねる」「腹が立つ」「腹が膨れる」とかいう。実際に腹は、**不満などを抱え込んでいるときの感情に対しての自分の有り様を象徴しているのだ**。要するに、**積み重ねた感情が腹のなかに入っているといってもいい**。

その際、腹の背中（裏）寄りは過去で、表に近いほど未来に関わることで反応がくる。

また、腹のなかには五臓（肝、心、脾《ひ》、肺、腎《じん》）と六腑《ろっぷ》（大腸、小腸、胆、胃、三焦《さんしょう》、膀胱《ぼうこう》）があるが、五臓にはそれぞれ「気」が存在し、これまでに積もってきた感情が宿っている。それが木火土金水の五行に相対している。その五臓や膵臓《すいぞう》、腸や胃について説明しよう。

・腎臓

腎臓には、「腎気」という、主に「水の気」が宿るとされている。その水は何かというと、それこそ「水に流す」とか「水に流さない」という感情と関わっている。すなわち、過去に対する激しいこだわりや憤《いきどお》り、俗にいう「許せない」という感情が腎臓に宿るのだ。

別の言い方をすると、腎臓周りに障害が出やすい人は、過去のことをよく覚えているともいえる。そういう人は、帳簿をつけたり、過去の判決例を覚えたり、記録を残したりする仕事や、過去のことを覚えておかなければならない秘書的な仕事に向いている。

その一方で、過去の失恋や、嫌なことをされたことに対して根にもって、なかなか忘れないのもこのタイプの人だ。こういうタイプの人は、過去の思いにとらわれ、苛《さいな》まれる。

腎気が強すぎると、悪い過去の記憶が忘れられなくなる。反対に弱すぎると、落ち込んだりするのである。

・脾臓

体の中心の臓器といわれる脾臓（脾気）は、立場に対するさまざまな思いに反応する。五行でいうところの「土の気」と関わっている。

脾臓はいわば、体中の血液の状況をコントロールしている臓器だ。血液の状況や立場を理解しているともいえる。同様に、自分の立場や人間関係の立ち位置を愛しているかどうか、に反応するのも、脾臓になるのだ。

急な転勤や職場替えが決まったとき、とくに降格により、いまよりも良くない職場で働かなければならなくなったときや、住んでいる地域が災害で脅かされるときは、「土の気」に問題が生じることが多い。

・膵臓

脾臓のそばにある膵臓《すいぞう》は、不満の度合いに反応する。不満が強くなりすぎると、不満を外に向ける。すると、不満を外に向けた回数だけ、膵臓は調子が悪くなる。

不満があるとついストレスで食べすぎるが、やけ食いや過食が膵臓に良くないとされるのは、そのためでもある。立場や土地に対するこだわり、社会的背景などにもよく反応するともいわれる。

・肝臓

肝臓は、「肝気」と呼ばれ、いわない軋轢《あつれき》やいえない軋轢に反応する。とくに組織のなかで上と下に挟まれる中間管理職的な精神状態のストレスで肝気は悪くなる。

環境でいえば、いま住んでいる場所や、職場など、いま生きている場所が自分に合わないと、肝臓にその影響が出やすい。主に人間関係、すなわち五行でいうところの「木気《もっき》」に関わっている。

・肺臓

肺は、「肺気」と呼ばれ人やもの、食べ物に対する好き嫌いの感情に反応する。その好き嫌いの感情が激しいと、肺の調子が悪くなる。昔の人がいったように、素直に「はい」といえない人は肺気を病む。天理教の教祖である中山みき（一七九八〜一八八七年）が「ハイハイで這《は》い上がれ、山の上まで」「利《き》かん坊だから気管支が病む」といったというのは有名な話だ。肺は「金《かね》の気」と関係している。

・心臓

心臓は、「心気」と呼ばれ、普通の怒りを超えた激しい怒りに反応する。強い興奮や激怒で心臓は痛《いた》めつけられやすい。逆にいえば、心気を良くしようと思ったら、興奮や激怒を止めることだ。怒りを鎮めるように自分の感情をコントロールするべきである。「怒りの炎」という言葉があるように、心臓は「火の気」と関係している。

・腸（大腸、小腸）

腸は第二の脳とよくいわれるが、自分のイメージのなかでもっている運命律や人生というものが、うまくいっているか、いっていないか、と関わっている。

「やっていることがものになっていないな、駄目だな」という後ろめたさがある場合には、便秘がちになったり、腸のなかでの詰まり感や不愉快感が生じたりする。さらに、とにかく自分の人生を全否定したり、「まったくものになっていない、ぜんぜん駄目だ」というように、否定感が強かったりするときは、下しやすくなるとされている。

人生全体に対する自分のイメージや思いに反応するのが、腸である。

・胃

胃は、現在もっている感情のバロメーターとして反応する。感情が激しく興奮するときに胃は調子を崩しやすい。また、感情のアップダウンが激しくなったときに、胃に影響が出る。とくに怒りは、胃の気を壊しやすい。怒りをため込みすぎると、胃の気が悪くなる。

【4】喉

喉は、話すことと聞くこと、すなわち**コミュニケーションに対して反応**する。「私はしゃべりがうまくない」とか「ずっと黙っていて、息が詰まる」とか、自分のコミュニケーションがうまくいっていないと感じると、喉の気に障害が出やすい。

【5】首

喉の変調がエスカレートして、さまざまな**資産、お金やモノ、人間関係**がうまくいかなくなると、「首が回らなくなる」、すなわち首に影響が出るのである。首全体に障害が出やすくなる。逆に、お金やもの、人間関係がすべてうまくいっていると、首がよく回るようになる。

【6】頭

頭全体は「神の座」と呼ばれ、そのなかに四つの座がある。**直感、思考、感情、感覚**だ。この四つの座のバランスが良ければ問題はない。感覚器官と脳を一つにまとめて、啓示的直感（直観）を受信する座でもある。かつ思考を生み出す場であり、感情をコントロールする場であり、感覚を養う場でもある。

直感は、目と目の間にあるアジナという場所と頭頂のチャクラと呼ばれる場所の二か所から入ってくる。地球上の情報は眉間《みけん》にあるアジナから直感やビジョンとして入り、天頂のチャクラからは宇宙的な、大自然界の意志や情報が入ってくるといわれている。

頭が痛いなどの頭に現れる違和感・症状も、左右によって意味が異なる。（本人からみて）左に寄れば寄るほど、対男性のことで現れる。右側で出れば、対女性のことだ。前後でいえば、前に現れれば現れるほど、未来に関する出来事に反応したことになる。後ろに現れれば、後ろにいくほど、それは過去のことだ。過去のことをいろいろ思い悩むと後頭部に影響が出る。それが過ぎると、後頭部や腎気に障害が起きやすくなる。

【7】肩と腕

肩は、頼り合う感情と関係している。**頼る、頼られるが本当に強ければ、肩に反応が現れる。**肩の荷が下りたり、肩を貸したりするのは、責任や負担が肩に伸《の》し掛かることを昔の人は知っていたからである。

依存されすぎると首沿いに肩凝りがきて、依存しすぎると背中の裏側とか肩の端の方が痛くなったりする。

二の腕（上腕）はお金の問題と関係している。とくに人間関係とお金の兼ね合いに問題があると、上腕に反応がある。お金に困っている人やお金がない人と長い間対峙《たいじ》していると、上腕が冷たくなる。その人が男性だと左上腕に、女性だと右上腕が冷たく感じられる。

肘《ひじ》は「肘鉄を食わせる」という表現があるように、拒絶感と関係している。肘が痛いのは、嫌な人と長時間一緒にいなければならなかったりすると、発生する。嫌いという感情のときは、肺にくるか、肘にくるか、だ。

前腕は、虎の座、竜の座と呼ばれていて、人間関係全体と関係している。上腕に近づくほど深刻になる。

【8】手相

当然のことながら、手相もその人の運命とシンクロしている。

手相は大きく分けて、上から「天」「人」「地」とみる。いわゆる感情線、頭脳線、生命線だ。感情線と頭脳線がくっついている「百握りの手」という手相の人もいるが、基本的は天、人、地の三本ある。

天を表す感情線は、人生におけるその人の感情の状態と連動している。人を表す頭脳線は、その人の考え方や視野の広さと関わってくる。地を表す生命線は、その人の生命力と関係している。

ただし、生命線が長ければ長く生きるというものでもない。というのも、長く、深い生命線をもつ人は生命力があり余っているので、アマゾン川に冒険に出かけて亡くなってしまうということも十分にあり得るからだ。私の生命線も長くて、裏側まで伸びているが、アマゾン川の奥地など危険な場所にはいかないように努めながら暮らしている。生命線が長いからといって、突拍子もないことをやろうとすれば、足元をすくわれるのである。

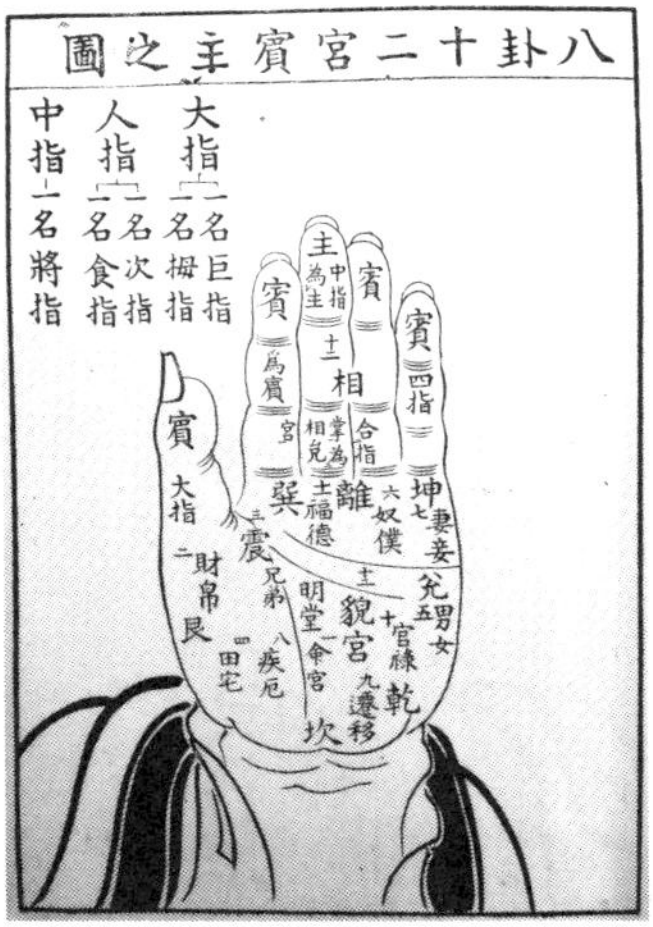

図20　『易学教科書　手相編』（東京占業組合、昭和14年刊）に掲載された古伝の手相図

五行と顔とのシンクロニシティ

(1)木＝肝臓＝肝気＝怒り＝激しい抑圧＝目
目の周辺に異常があったら、肝気が強すぎるか弱すぎるかのどちらか。怒りの感情のバランスが崩れている。愛情とも関係する。
(2)火＝心臓＝心気＝喜び＝強い興奮＝舌
舌に何か変わった特徴が現れたら、心気に問題がある。はしゃぎすぎたり、感情に支配されたりしていることが多い。
(3)土＝脾臓＝脾気＝思い＝立場・環境へのこだわり＝唇
唇の色が悪かったりすると、脾気に問題がある。社会的な立場に関係して困難にあっていることを意味する。お金とも関係する。
(4)金＝肺臓＝肺気＝悲しみ＝他人との軋轢《あつれき》＝鼻
鼻の調子が悪かったら肺気に問題がある。他人に振り回されている場合が多い。プライドとも関係する。
(5)水＝腎臓＝腎気＝恐れ＝過去との行き過ぎた比較＝耳
耳の具合が悪いときは腎気に問題がある。過去にこだわりすぎて、過去を水に流せなくなる。受容性と関係する。

三本の線が、同じような線で穏やかであれば、安定した人生を送る場合が多い。手相はかなり奥が深い、運命と人を結ぶシンクロニシティの宝庫である。

【9】全体と部分の関係

・顔

顔のパーツも、それぞれ体に相対するものがある。**目は肝臓**と相対し、**舌は心臓**とシンクロ的な現象を起こす。**唇《くちびる》は脾臓**と、**鼻は肺**と、**耳は腎臓**と相対する。
「耳が痛い」のは、過去のこだわりと関係するからだ。耳をマッサージすると、過去のわだかまりやこだわりが解消することがある。鼻を軽くこすれば、呼吸が良くなり、好き嫌いの感情も和らぐ。目を休めれば、肝気も安らぎ、職場の対人関係によるストレスも軽減する。

・手と指

手は人間関係と相対している。ここでも腕と同様に、左手が男性、右手が女性を表す。左手の親指は男性の目上の人または父親と相対し、右手の親指は女性の目上の人または母親と相対する。人さし指は、そばにいる時間が長い他人だ。同様に、左が男性の他人、右が女性の他人である。職場の同僚や上司、あるいは近所の人がこれに相当する。

家の血筋や霊的因縁、守護霊、先祖に関係することは、中指に反応する。薬指は親戚縁者で、薬指に指輪をはめるのは、指輪をくれた人の親戚縁者になったことを意味する。小指は「恋人」といわれるように、左の小指は好きな男性や夫、右の小指は好きな女性や妻と相対関係にある。

何か異常や問題があれば、それぞれの指に反応が現れる。どこの指に怪我をするか、障害が出るかによって、自分の因縁や対人関係の問題を知ることができるのである。

また、手のひらは未来で、手の甲は過去と関係している。

このように、自分の体と対人関係はシンクロニシティでつながっているのである。この関係さえ覚えておけば、体の部位に普段とは異なる反応があったときに、心の状態をいま一度見直して、自分の気のバランスを整えていけばよいのである。それが「相とシンクロニシティ」のうまい操縦法である。

「歴史と場」シンクロニシティ操作術〈超応用法7〉

数字のパターンで未来を予測

同じ場所で同じような事件が起きたり、歴史が繰り返されたりするのはなぜか。実はシンクロニシティによって同じパターンが起きているからではないか。歴史の周期やパターンを知ることによって、歴史に現れる相とシンクロニシティを利用することができるのだ。

暦の日付は、今日はどういう季節や周期の断面であるかを示すだけでない。暦は、単なる目安ではないのだ。

たとえば今日が一一日だとすると、その日付や数字がもつ特有のリズムや周期に従って、何か変化が起こる可能性がある。それだけで、社会に何か大きな変化がある可能性が増すのである。

たとえば一五という数字について、宗教法人「霊相道」を設立した宇佐美景堂《うさみけいどう》は、西暦に暦を直してその数字を全部足して一五になる年は「大きな変動がある」と主張している。一九四一年は一＋九＋四＋一＝一五となるので「大きな変動がある年」となるが、確かにその年の一二月八日には日本による真珠湾攻撃によって太平洋戦争が始まっている。同様に一五となる一九五〇年は朝鮮戦争が勃発した。今世紀は二〇四九年まで「変動がある年」はこないが、さかのぼれば一九三二年には満州国が樹立されているし、一九二三年は関東大震災が発生、一九一四年は第一次世界大戦開戦、一九〇五年は日露戦争で日本が勝利した「大きな変動」があった年だ。

こうした数字を使えば、確かに未来をある程度予測することができる。しかし、ここにも落とし穴がある。予言には未来を予測する予言と神に預けられた神託の預言があるが、とくに預言の場合は、一部の宗教家によって「遂行されなければならない」となってしまいがちなことだ。そうなると、予《あらかじ》め数字を置くことによって、預言に似た現象を引き寄せることも可能になってしまう。

たとえば、二〇一六年の米大統領選の開票日である一一月九日（11・9）は9・11の逆さ数字である。すでに述べたように逆さ言葉や逆さ数字には、シンクロニシティを起こす力があるとされているから、最初から決められていた開票日（四年ごとの一一月の第一月曜日の翌日が投票日で、その翌日が開票日）に番狂わせを起こそうと思えば、九月一一日に何か大きな事件を予め起こしておくという手も考えられるわけだ。

3種類のパワースポット

同じ場所で何度も同じようなことが起こるのは、その場所がパワースポットであることと関係している。パワースポットは、まさにシンクロニシティ発生の震源地といえるものだ。ある特定の場所に、ストーンサークルなど巨石を円形や方形に並べるのも、場のシンクロニシティを起こしやすくして、祈りや願いを実現させるためであったのではないだろうか。

ドルメン（支石墓）、鳥居などの形がシンクロニシティを起こしやすいということを、古代の人は知っていたに違いないのである。

そのパワースポットには三つの種類がある。宇宙的なシンクロニシティが集中する**「ユニバーサル・シンクロニシティ・スポット（USS）」**、地球に古くから「不動の場」として存在し続ける**「アース・シンクロニシティ・スポット（ESS）」**、そして人々がさまざまなイメージをそこに投げかけたり、そこに出かけていったりして、その場所が賑やかになることによって形成されてくる**「ヒューマン・コミュニティ・シンクロニシティ・スポット（HCSS）」**だ。それぞれ複合的に関わり合って、場のテンションを高めている。

宇宙的なUSSは、とくに星・天体の周期の影響を受けるパワースポットで、基本的には山がそれに対応する。具体的には、奈良県の三輪山、京都の甘南備《かんなび》山など古くから神奈備山（神の鎮座する山）と称される山や、岐阜県の位山《くらいやま》などジッグラト（古代メソポタミアに特有の、階層のあるピラミッド型の宗教建造物）のような形で頂上が比較的平らな台形のような山や左右対称の山、それに富山県の尖山《とがりやま》（図21）や静岡県の下田富士（図22）といったピラミッドのような円《えん》錐《すいけい》形の山がその例だ。そのような山に宇宙的なシンクロニシティが発生する場が生じる。

昔の人たちはやはり、そうした特殊な形をした山が非常に重要だということがわかってい

図21　富山県尖山

図22　静岡県下田富士

図23　飛騨一ノ宮水無神社

た。だからこそ、五〇〇〇年ほど前から古代スメル（シュメール）ではジッグラトを造り、古代エジプトではその山に似た巨大なピラミッドを造ったのだ。

日本ではもともとそのような形の山はそのまま神奈備山として崇《あが》める一方、一部を加工して円錐形の山をつくったりしたように思える。

そういう山の上で祈りを捧げたり、祭りを開いて楽しいイメージを焼きつけたりすると、豊作が続いたり、天災が少なくなったり、社会にとって良いことが起きたりすることを古代の人たちは知っていたのではないだろうか。逆にいうと、実利的なシンクロニシティが起こることに気がついたから、そのような場所が重んじられたともいえる。日本の場合は、自然の山をある程度加工して、そうした場所をつくった形跡がある。円（天）と正方形（地）を組み合わせた前方後円墳などにもその傾向はみられる。

ＵＳＳのパワーの強い場所では、インスピレーションが良く働いたり、宇宙的な、奇跡的なことが起きたりしやすくなる。起こり得ないような現象が集中して起きるのも、ＵＳＳである。

次に、大地のパワースポットともいえるＥＳＳは、水が多く蓄えられている場所や水が大地から湧き出す場所にある。湖や谷間、土が広くむき出しになっているような場所だ。断層沿いにも多く分布する。

たとえば、フォッサマグナの西縁である糸魚川《いといがわ》―静岡構造線に近い岐阜県の飛騨《ひだ》高山《たかやま》には、太平洋側と日本海側の分水嶺となっている聖山・位山とともに、水成《みなし》の転訛ともされる飛騨一ノ宮水無神社《みなしじんじゃ》（図23）がある。その周辺一帯は伏流水があちらこちらで流れ、豊富な水源地帯となっている。同時に高山には、飛騨山地に分布する高山《たかやま》・大原《おっぱら》断層帯がある。そこは間違いなくＥＳＳだ。

日本の太古の山の一つである位山が宇宙のパワーとシンクロニシティを起こし、土地の断層自体がもつ大地のパワーと共鳴のような現象を発生させ、パワーを増幅させているように思える。その周辺からはトパーズや放射性元素を含む多くの鉱石が産出されていることからも、天（宇宙）と地のパワーが交差する土地であったことが推察される。陰陽道や古代道教、風水術などでいう「竜穴」とは、このような土地のことを指す。

同様に断層と水がぶつかる、糸魚川―静岡構造線の中央に位置する諏訪湖《すわこ》なども日本の中心的なＥＳＳである。宍道湖《しんじこ》、琵琶湖、十和田湖《とわだこ》なども強いパワーを感じる。古くからある湖で、周辺に縄文時代からの遺跡があるところは、だいたいＥＳＳのパワーが強い。

ＥＳＳのパワーが強いところは、穀物がよく育つということのほかに、人が落ち着いて生活できるような気に満ちている。人の精神を安定させるという力が働く。つまり、人も植物も根づきやすいというわけだ。

富士山は日本屈指のパワースポットだった

三つ目の、人々が賑わうことによって生まれるＨＣＳＳは、人のコミュニケーションを活発化させるシンクロニシティを発生させる場所だ。基本的には東京や大阪などの都市部がそれに相当する。とくに南側に入り江や、大きな海や川の流れがあり、北側には山並みが連なっているような土地がＨＣＳＳといえる。山裾の奥まった場所にある都市にもＨＣＳＳのパワーが宿る。平安京（いまの京都）があれだけ栄えたのも、ＨＣＳＳのパワーが強かったからだ。かつての九州の大宰府《だざいふ》、現在の北海道の函館もこのパワーが強い。

都や都市の歴史的な変遷《へんせん》をみても、結局我々は、本能的にパワースポットを求めて生きてきたことがわかる。決して、神社仏閣や自然があるところだけがパワースポットのある場所ではないのだ。事実、神社仏閣のあるところでは、人がたくさん亡くなるようなことが起きている場合がある。いろいろな不幸なことが起きることによって、いわゆる「心霊スポット」と呼ばれるダークスポットになるのだ。かつては人が集まった「聖地」も、悪いシンクロニシティが起こる場所に変わる場合もあるのだ。だが、その見分け方は難しくない。本当に良い場所には人が集まり続けるからだ。

ダークスポットはパワースポットの周辺部に現れることが多い。パワースポットの力が及ぶ範囲の外側を取り囲むようにダークスポットが生じる。その場所には、やはりダークな思いをもつ人たちが引き寄せられる傾向がある。そうした場所では、定期的に不思議な事件や困った事件が起こることが多いのである。

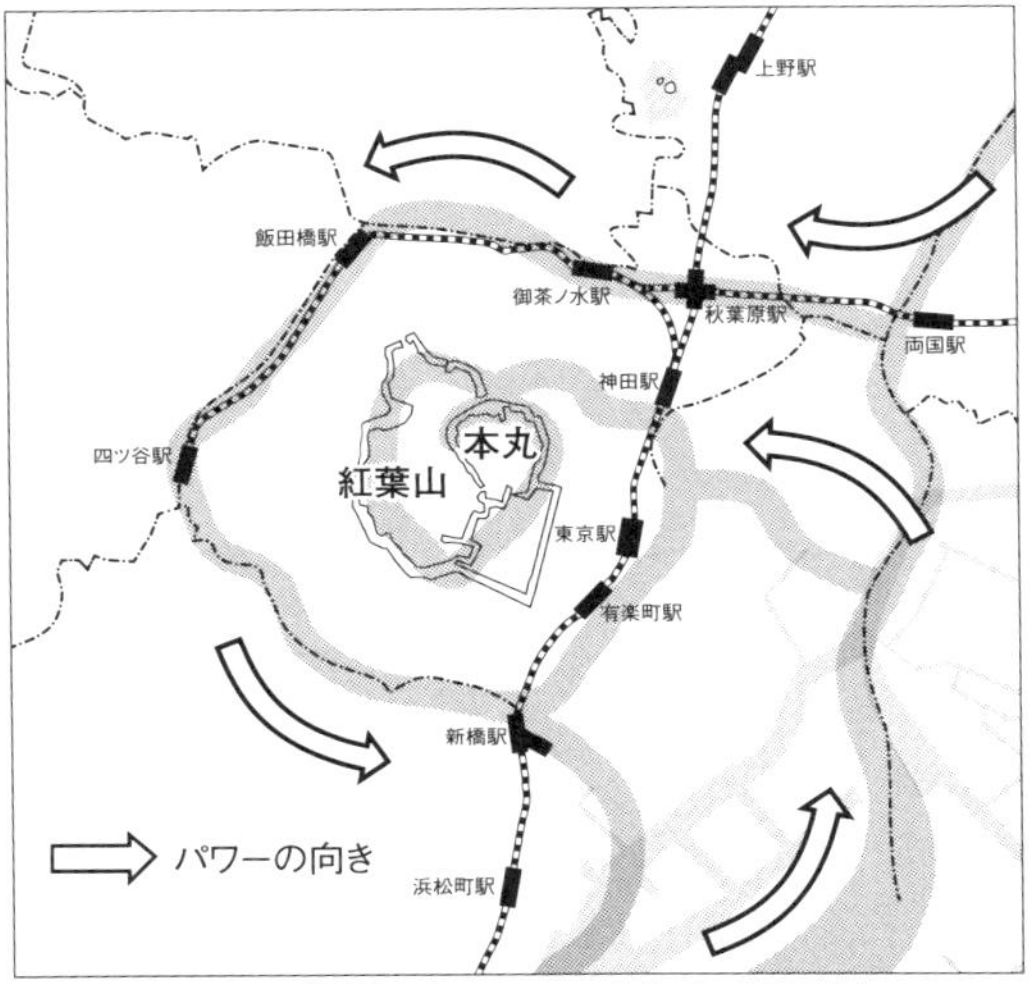

図24　渦巻き状にパワーを集める江戸城

こうした三種類のパワースポットを観察してわかったことは、USSの代表的な山々があって、その山々から竹内街道、日光街道といった主要な街道が延びていることだ。聖なる山々に人が往来する重要な街道を直結させることによって、街道を歩く人々が山々のパワーを町に運ぶ役割を果たした。つまりUSSのシンクロニシティが起こる場で、そのエネルギーを人が宿して、街道を使ってそれを運んで、人々が住む

図25　目黒富士

町に良いシンクロニシティをもたらしたとみられるのである。
　街道だけでなく河川も、山々からパワーを運ぶ役割を担っている。江戸城が堀を渦巻き状に配置して（図24）、群馬県最北端の大水上山《おおみなかみやま》を水源とする利根川の支流から水を引き込むようになっているのは、そのためであると考えられる。らせん状に引き込まれた水は、現在の皇居のヘソのような紅葉山という小山に直結して、山のパワーがその小山にチャージされる仕組みになっていたとみて、まず間違いない。
　また、東京（江戸）には、至るところに富士塚がつくられている（「『名所江戸百景』に描かれた目黒富士」／図25）。これも東海道や甲州街道といった街道を通って人々によって運ばれた富士山のパワーを引き込みチャージする装置、あるいは富士山のパワーと共鳴させる装置だったように思われる。だから関東が東京（江戸）を中心にこれだけ発達したのではないだろうか。
　日本においては、富士山が屈指のシンクロニシティ・スポットであるといっても過言ではないのである。

同じ名や形は共鳴しやすい

第一章の倶利伽羅《くりから》峠とカリクラ峠の「火牛の計《かぎゅうのけい》」の話で触れたが、シンクロニシティには同じ名や形は共鳴しやすいという法則がある。最近、注目されているのは、ニュージーランドと東西を反転させた日本の形が非常によく似ていて、シンクロニシティ的に連動しているのではないかという考えだ（図26）。

その発端は、二〇一一年三月一一日に発生した東日本大震災であった。というのも、ニュージーランドの南島のクライストチャーチでは、東日本大震災が起きる直前の同年二月二二日に大地震が発生、日本人二八人を含む一八五人が亡くなる大惨事となったからだ。地震の発生した南島は、反転させた日本地図の東北地方に相当しているようにみえるので、東北地方が最も被害を受けた3・11の大震災が想起されるという指摘もあった。

さらに本書執筆中の二〇一九年六月一六日にもニュージーランドのケルデマック諸島でM七・四の地震が発生。二日後の六月一八日の二二時二二分（二のゾロ目！）に山形沖にM六・八の地震が発生した。ここまでくると戦慄《せんりつ》する。

こうした形、数、名のシンクロニシティは、日本神話と世界の神話の類似性から日本と世界各地が対応していることを示した歴史学者の木村鷹太郎（一八七〇～一九三一年）らがすでに指摘している。そのなかでも有名なのは、いわゆる外八洲内八洲《そとやしまうちやしま》史観だ。つまり日本で起こることは世界でも起こる、日本にあることは世界にもある、という神がつくった仕組みがあるとい

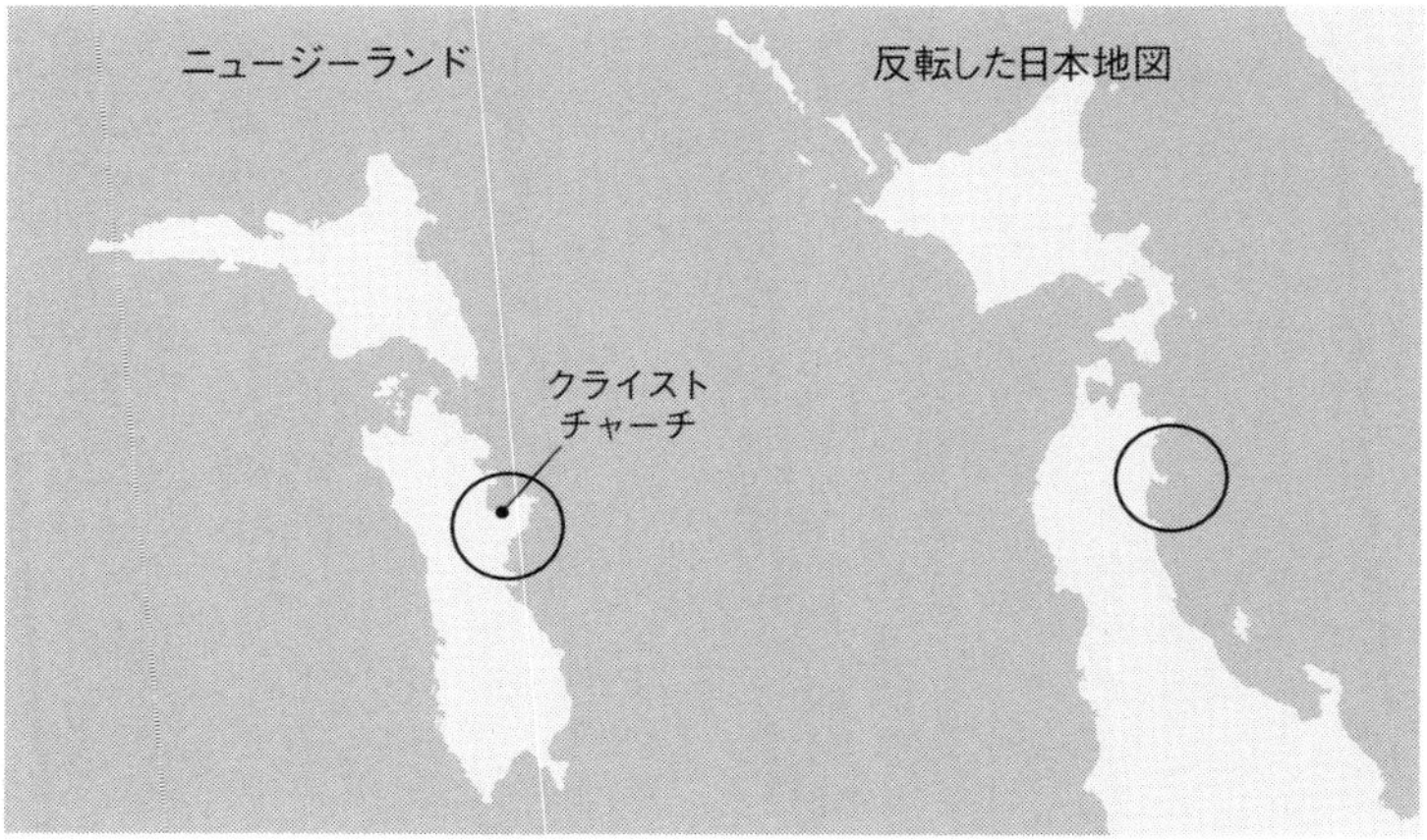

図26　ニュージーランドと、(反転した)日本地図

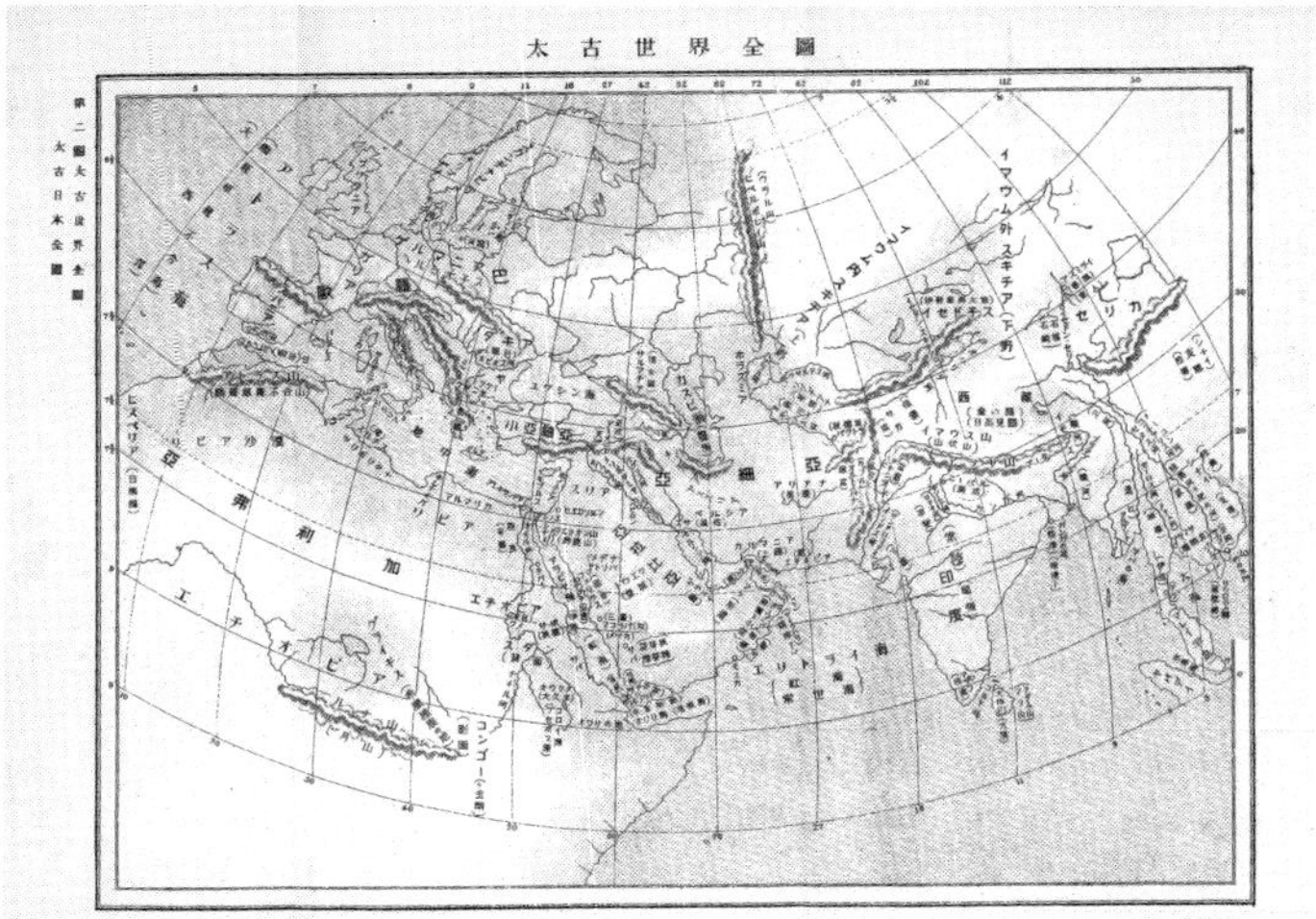

図27　日本と世界の地図を対応させた『日本太古史』(木村鷹太郎)

うのである（図27）。

新宗教「大本」の二大教祖の一人、出口王仁三郎《でぐちおにさぶろう》も、「神歌」のなかで次のように語っている。


「みづ清き金龍海の島々は、日出る国の雛形と、祝ひ定めて築きたり。日出る国の日の本は、全く世界の雛形ぞ。神倭磐余《かんやまといわれ》の君が大和なる、火々真《ほほま》の岡に登り坐《まし》、蜻蛉《あきつ》の臀呫《となめ》せる国と、詔《のら》せ給ふも理《ことわり》や。我九州は亜弗利加《あふりか》に、北海道は北米に。台湾島は南米に、四国の島は濠州に、我本州は広くして、欧亜大陸其儘《そのまま》の、地形を止むるも千早振《ちはやぶる》、神代の古き昔より、深き神誓《ちかい》の在すなり」


九州はアフリカ大陸、北海道は北米大陸、台湾は南米大陸、四国はオーストラリア、本州はユーラシア大陸とほぼ相似形にあるというのである。確かに四国はオーストラリアに、九州はアフリカに酷似している。能登半島は逆向きのスカンジナビア半島であろうか。

この偶然の酷似性から、日本は世界の雛型であるという説が生まれた。もし、この雛型説が成り立つのだとすると、世界のあちらこちらで、似た地形、似た名前のある場所で、似たような事象が発生するシンクロニシティがあると考えても、不思議ではない。

このような突飛な発想を一笑に付すこともできる。だが、地球を我々の足の裏に置き換えて考えれば、そう頭から否定することもできない。足の裏には、体のそれぞれと対応するツボがあるからだ。

たとえば、右足の親指（あるいは中指）を押すと左の頭の痛みが緩和され、逆に左足の親指（あるいは中指）は右の頭と連動しているように感じる。足裏マッサージをしてもらったとき、ある部分を押したらすごく痛くなり、「お客さんはどこどこが弱っていますね」とマッサージ師に指摘された経験は誰もがもっているはずだ。

百発百中でなくても、ニュージーランドで何か大きな事件があったときは、日本の東北・北海道でも何かあるかもしれないと注意するに越したことはないのである。

「時代と流行」シンクロニシティ操作術〈超応用法8〉

時代を読み解くカギは大相撲にあった

時代や流行に関するシンクロニシティは、周期的に強弱を繰り返しやすい。激しくなる時代には穏やかに過ごし、低迷する時代には逆に強い意志をもって、シンクロニシティを自分から起こしていく、能動的に生きていくことが重要だ。周期がわかれば、予測できる。予測できれば、気持ちを切り替えて、対応策を考えればいい。プランを立てやすくなるわけである。

では、いまがどのような時代で、これからどうなっていくのかを、どうやって読み取ればいいのか――。

その一つの方策が、相撲界で起こっていることを注意深くみることである。というのも、相撲界は昔から、シンクロニシティ発生のバロメーターだったからだ。**相撲界で何か起これば、**

自然界でも何か起こる、という不文律があったのである。したがって、**相撲界が揉《も》めれば揉めるほど、世の中も揺れる。**たとえば、二〇一八年をみると、九月六日に北海道胆振《いぶり》東部地震、同月二八日にはインドネシアのスラウェシで地震が発生しているが、ちょうど貴乃花親方退職騒動の時期と一致している。

相撲界の関取の生年月日も恐ろしくシンクロしている。第六九代横綱・白鵬《はくほう》の誕生日が、二〇一一年の東日本大震災発生日と同じ三月一一日だ。主に明治時代に活躍した第二〇代横綱・梅ヶ谷藤太郎《うめがたにとうたろう》(二代目)も同日が誕生日であるから、二人の横綱の誕生日に3・11地震が起きているわけだ。

相撲界はまた、東日本大震災の前年である二〇一〇年、大激震に見舞われている。二月四日に横綱・朝青龍《あさしょうりゅう》が、暴行問題の責任を取って現役引退を表明して突如現役を退くと、五月には日本相撲協会の現役の大相撲力士、年寄らによる野球賭博などの違法賭博への関与をめぐる問題が発覚した。一人横綱になった白鵬自身もこの問題に関連して、花札で金を賭けていたことを上申書で申告したが、賭け金が軽微とみなされ、厳重注意以外の処分はおこなわれなかった。その後、賭博問題は日本社会全体を巻き込んだ大問題に発展し、NHKがその年の名古屋場所の生中継を初めて中止するなど、相撲界は大揺れとなった。

そのなかで白鵬は、四場所連続一五戦全勝優勝という快挙を成し遂げ、大鵬《たいほう》、千代の富士の連勝記録も抜き去った。一一月場所には江戸時代の大横綱・谷風に並ぶ六三連勝を達成したが、翌日（一五日）、稀勢《きせ》の里《さと》に敗れ、連勝はストップした。

白鵬の快進撃とは裏腹に、相撲界の賭博問題の余波は翌二〇一一年まで続いた。だが、それだけでとどまらず、親方や幕内力士ら一三人が大相撲本場所での取組での八百長に関与していた問題が発覚。相撲協会は発覚した翌月（三月）におこなわれる春場所（大阪場所）中止を決定するという異常事態に陥った。その矢先の白鵬の誕生日に、東日本大震災が発生したのだ。

すなわち、一つ隠し（「真」や「戸」など名前や地名の一文字だけが隠されていたかのように連動すること）とか、数字の羅列の優先（緯度経度の座標などが先に知らされること）とか、それがシンクロニシティの本質なのである。だから、相撲の力士は、彼らの誕生日、しこ名、出身地を含め、未来を占う儀式をやっているようなものなのである。

相撲で「八卦《はっけ》よい、残った」と行司が、組み合って動かない力士に向かって掛け声を発するのは、まさにシンクロニシティを利用した八卦占いのために相撲をしていることにほかならない。大相撲は本来、真剣で神聖な儀式でなければならなかった。

シンクロを読み解く案内書が「易」

相撲以外に未来を読み解く方法としては、すでに何度も本書に登場しているが、易経《えききょう》がある。易は、シンクロニシティがどういうアイテムに共鳴して起こるかを調べて集積したシンクロニシティの案内書でもあるのだ。

図28　易経の八卦に基づいた解釈

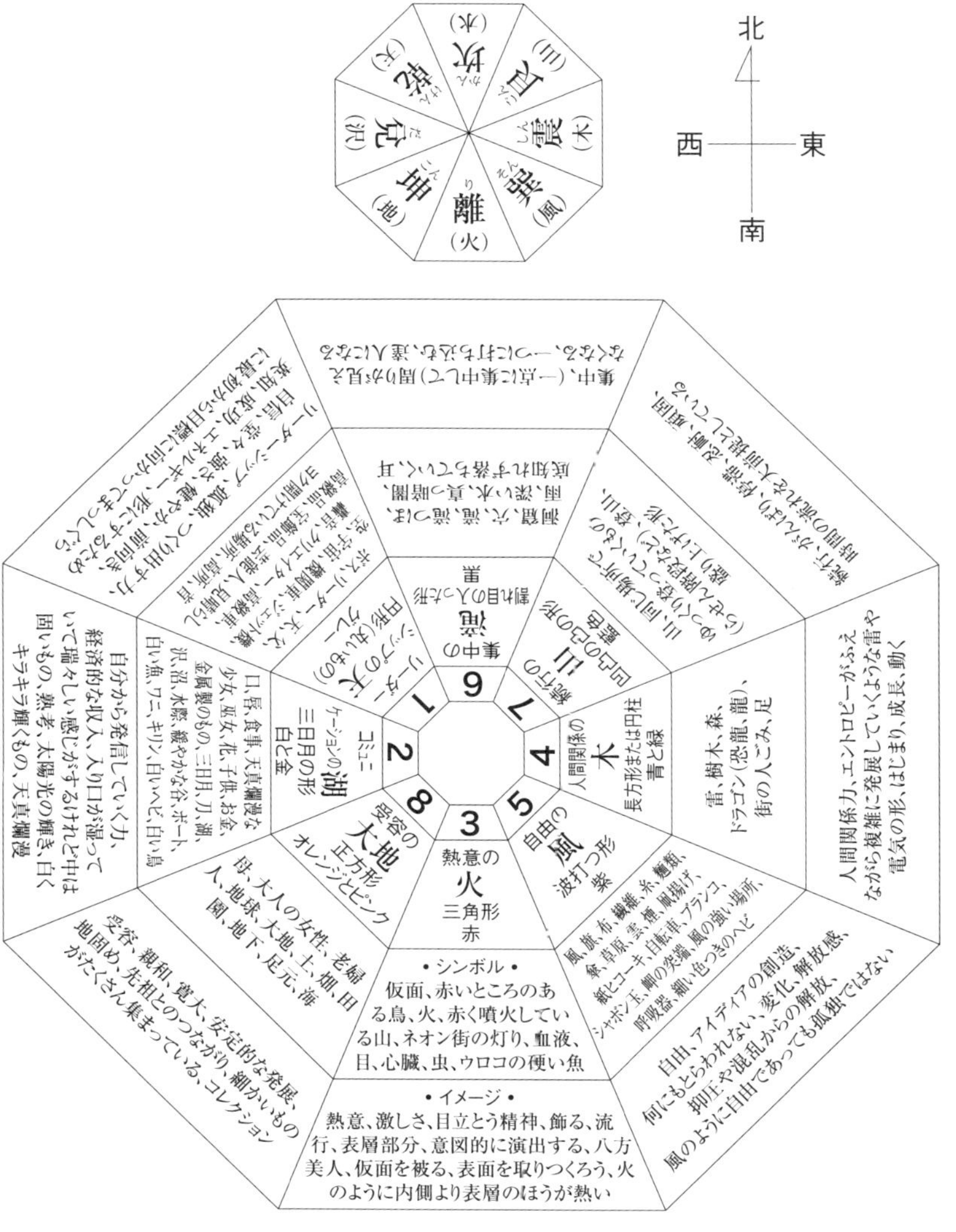

易には自然界・人事界百般の現象を象徴する八つの形象がある。北から時計回りに、坎《かん》（水）、艮《ごん》（山）、震《しん》（木）、巽《そん》（風）、離《り》（火）、坤《こん》（地）、兌《だ》（沢）、乾《けん》（天）だ（図28）。運命を賭《と》して、のるかそるかの勝負をすることを乾坤一擲《けんこんいってき》というが、その乾坤とは易の卦で「天地」を意味する。

易によると、それぞれの年にはそれぞれの卦がある。二〇一九年は「震（木）」の年であるとされている。方角でいうと「東」、人間関係が強まっていく年でもある。

「震」で始まった現象が激化すると、「巽《そん》（風）」を経て、「離《り》（火）」に変わっていく性質がある。「震」のアイテムが「巽」のアイテムを刺激し、「巽」のアイテムが「離」を刺激するのである。

たとえば、魚は「離」のアイテムである。魚が空から降ってくるという現象は、まさに「離」が極まった状態だ。そして「坤《こん》（地）」になれば、燃え尽きて土になるので、テンションは下がる。

同様に「兌《だ》（沢）」のアイテムである湖の水は、「乾《けん》（天）」で空に昇り、雨を降らせる。それが極まった極限の状態は「坎《かん》（水）」のアイテムである滝となるわけである。やがて、その次の「艮《ごん》（山）」になると、落ち着くのだ。

その流れのなかで、自然界で具体的に何が起こるかというと、「震」で地震の騒ぎが起きた後、波のアイテムをもつ「巽」が津波をもたらし、最後は「離」のアイテムである火山が噴火するに至り、地震は一応収まるというようなことが起こるのである。
もっとも、火山が噴火することによって、実は終結ではなく、異常気象になることもある。エルニーニョだとか、火山性の気象変動が起きる。高温、竜巻、台風の悪循環が起こるのである。

また、3・11震災の福島をみると、原発の爆発とそれに伴う被曝はあったが、燃え盛る火にはなっていないので、まだ収束していないとみることもできる。そのためにまだシンクロニシティの連鎖が続き、いまでも特異な現象が起きているとも解釈できる。

では、どうやったら止まるかというと、二〇二〇年に日本で開催されるオリンピックの聖火で止まるかもしれないのである。

実は聖火は、疑似火山である。疑似火山によって実際の火山の噴火を止めるというのが、オリンポスの祭典の意味だ。

地震の連鎖を止めるためには、グラスのなかの水をシャカシャカ揺らすだけでもいい場合もある。あるいはお祭りをやって、皆で地震のように踊るのでも良いだろう。祭りは地鎮めでもあるからだ。

代償効果で連鎖を食い止める

悪いシンクロニシティ連鎖を止めるために、疑似的なことを先んじておこなうという方法もある。古代において、災害に遭わないために人柱《ひとばしら》を立てたのと同じ発想だ。いわゆる代償効果である。冒険と享楽の生活を送ったファウスト（ルネサンス期に生きたとされる人物。伝説化され、劇詩や歌劇の主人公に使われた）は、その代償として悪魔に魂を売らなければならなかったとされている。

だが、現在においては、そのような人身御供《ひとみごくう》を捧げたり、魂を売り渡したりする必要はない。オリンピックや祭りのように驚き騒ぐなど、先んじて似たようなことをやれば、大きなことが起こりづらくなるからだ。シンクロ連鎖の枝分かれが起きなくなる。

悪い方のシンクロニシティの進行を止めるためには、代償を払う必要があるのだ。そのために何も人柱を立てる必要はない。**大切なものだと思っているモノを手放す、大事に握りしめていたものを誰かにあげる**、という代償でもいい。個人のなかで完結させるには、誰かに何かをサービスするだけでも十分なのである。

何か対立する二つの集団が衝突する予感があるとき、その手前で関取同士があえて代償的に競い合って、その衝突が起こるのを解消させることもできる。火山の噴火の代わりに、聖火台に火をつけることによって、火を鎮めるのも、代償効果だ。つまり、同じようなミニチュア現象や生贄《いけにえ》的な現象を先回りして起こすことによって、大きな現象の発生を食い止めるのである。

京都の祇園祭《ぎおんまつり》の由来も、その代償効果と関わっている。平安遷都《せんと》（七九四年）から七〇年近くが経った八六三年、疫病が流行したため朝廷は神泉苑で初めて御霊会《ごりょうえ》をおこなったことが記録からわかっている。御霊会は、疫病や死者の怨霊などを鎮めるためにおこなう祭りだ。

ところがその後も、翌八六四年に富士山が大噴火を起こし、八六九年には陸奥《むつ》で貞観《じょうがん》地震が起こり、津波によって多数の犠牲者が出るなど災害が相次いだ。つまり悪循環のシンクロニシティが始まったわけだ。

そこで、時の朝廷は、全国の国の数を表す六六本の矛を立て、その矛に諸国の悪霊を移し宿らせることで諸国の穢《けが》れを祓い、神輿《みこし》三基を送り薬師如来を本地とする牛頭《ごず》天王を祀り御霊会を執りおこなった。この八六九年（貞観一一年）の御霊会が、祇園祭の起源とされているのだ。

現代の私たちは、疫病が流行ったから祈りや祭りで祟《たた》りを鎮めようなどというと、よほど信心深い人以外は、科学的根拠のない迷信の類であるとして笑い飛ばすだろう。だが、シンクロニシティの仕組みがわかれば、実は古代の人たちはかなりシンクロニシティの本質を知っていた可能性が強いのだ。

疫病、火山の噴火、地震、津波と続く天災の連鎖に対して、それを鎮めるには、盛大な祭りを開催することによって、大騒ぎの〝疑似大噴火〟を先に起こしてしまえばいいわけである。

そう考えたときに、京都三大祭に数えられる壮大な祇園祭の本当の意味がはっきりしてくるのではないだろうか。

この祇園祭と同じような祭りが、古代イスラエルでも開催されていた可能性があることもわかっている。ソロモン王が神殿完成の際、国に伝染病が起こらないように祈り、祭りを開催したと、『旧約聖書』に書かれているのだ。

代償効果は、身近なシンクロニシティでも現れる。人形をかわいがることによって自分が成長する、家のなかで植物をかわいがることによって自分の運命がよくなる、といった効果だ。

そういう現象はあり得るのである。民俗学に造詣《ぞうけい》が深いフレイザーがいうところの、類感呪術（類似したもの同士は互いに影響し合うという発想「類似の法則」に則った呪術で、広くさまざまな文化圏で類感呪術の応用がみられる）で、同じ形のもの同士がシンクロニシティを起こすというのだ。陰陽師や神主などが祓《はらえ》や祈禱《きとう》のとき、人間の身代わりとした紙人形（形代《かたしろ》）がこの例だ。紙人形に罪・穢《けが》れ・災いなどを移して祓をし、川や海に流すのである。ひな人形も元は形代であったとされている。

しきたりや慣習を忘れ、実証科学漬けになった現代の我々も、古代人が見出した知恵と英知の結晶を利用しない手はないのである。

「お金」シンクロニシティ操作術〈超応用法9〉

競馬の万馬券を当てる秘法がある

お金とシンクロニシティは、すべての現象の総集編のようなものである。非常に引き寄せにくいものだが、シンクロニシティの力を使えば、引き寄せやすくすることもできる。事実、宝くじの当たりのパターンや、競馬の当たりのパターンに不思議なシンクロニシティが起きたという話は枚挙《まいきょ》に暇《いとま》がない。

アメリカで何か大きな事件があったとき、日本の競馬でアメリカにちなむ名前の馬が予想に反して勝ったことで大荒れになったこともある。それは二〇〇一年に起きた9・11テロだ。この年の一二月二三日の有馬記念では一着にマンハッタンカフェ、二着には最低人気のアメリカンボスが入って万馬券となった。「マンハッタン＋アメリカン」と9・11テロに掛けた名前の馬二頭が上位を占めたので、「事前に神様がサインを出して教えていた」とする「サイン理論」が当たったのではないかと大騒ぎになった。**似た意味をもつ名前が響き合うシンクロニシティの特性はギャンブルでも有効**なのだ。

既に説明したが、ダジャレ的というか、同音異義語がシンクロニシティに絡むことがあるのである。「雨」と「飴」のような語だ。雨と飴が連鎖するようなことが起こるのだ。

本来なら雨と飴はアクセントが違う。だが、「飴」と発した瞬間にその周辺にある「雨」が喚起されるのだ。すると、シンクロニシティが起きやすくなる。飴を食べたら、雨が降り出した、というような現象だ。雨と飴を組み合わせたような「甘露《かんろ》」という言葉があるのも偶然ではない。カエルが鳴くから帰った方がいいとか、頑固だからガンになった、「櫛（苦と死）を落としたから快復する」といったような、ことわざ的な現象も、シンクロニシティの特性と関係している。ギャンブラーがジンクスや縁起をかつぐのは、このためだ。ということは、この語呂合わせ的な方法で万馬券を当てることも可能なのではないだろうか。

では、宝くじを当てるにはどうすればいいのか。たとえば、よく宝くじを当てる人に聞いた話だが、宝くじが当たるときは、その直前に買ったくじの番号が当せん番号とまったく離れているときに、その次のくじが当たる場合が多いのだという。逆にその直前に買った宝くじが当せん番号に近い間は、次のくじは当たらないのだという。つまり、当せん番号に近づいている間は当たらず、離れていくときに急に当たるのである。

似たようなものが出ているときは当たらないのだ。コントロールが悪い状態ということだ。宝くじの数字がどんどん当せん番号に近づいているときはまず当たらない。偏りが起きていない状態といえるかもしれない。逆にどんどん離れていったときの極みで当たる。

これに似た現象で二番目効果という法則もある。

二度押しすると消える、という呪術的な方法がある。「頭が痛い」という認識があったときに、痛い箇所に手を添えて、「痛い、痛い」と二度唱えると、痛みがなくなるという呪《まじな》いだ。二度押し的に、近いと「当たりが消える」のかもしれない。

当て方にも個々人にパターンがある

ロトくじのように番号を予知したい場合は、次のようなやり方もある。トランプのカードを三枚出して、そのなかでいちばん気になるカードを伏せておく。残りの二枚は表にして、その数字を控えておく。同様のことを、当たりくじの桁数に合わせて必要な回数だけおこなう。表にした二枚のカードは、二番目、三番目の数字である。普段から直感に自信がない人は、二番目、三番目の数字で当たる場合が多いのだ。逆にドンピシャで当てることが多い人は、一番目のカードが当たり番号であることが多い。

何かを直感で当てた経験のある人は、直感で決め、そういう経験がない人は二番目、三番目の数字で決めればいいのだ。

夢の〝お告げ〟を信じれば、大儲けすることもある。

アメリカ・カリフォルニア州オークランドの女性看護助手はある晩、次から次へとコインが滝のように流れてくる夢をみて、隣で寝ている夫にそのことを興奮して告げた。世間の夫たちは、そのような妻の夢のたわごとなど気にもかけないだろうが、夫は意外にも「それは正夢かもしれない！　コインが滝のように流れたのなら、それはスロットマシーンだな」と真面目に夢の話を聞いてくれたという。

二人は妻の夜勤が終わるのを待って、さっそくカジノのあるネバダ州まで車を飛ばした。カジノに着いたのは午前二時になっていた。目指したのはスロットマシーン。一度目はまったく意味のない数が並んだ。だが、それでも信じて二度目に挑戦した。すると、今度は7が五つ並び、一〇〇万ドルの大当たりになったのだという。

だからといって、いつも正夢になるとは限らない。数字を当てる人もいれば、逆に当たらない数字を当てる人もいる。52ページの「衝撃度ランキングの表」で紹介しているが、カナダの商業都市トロントの七七七番地のビルの七階に勤める七人の有能な証券マンが、一九七七年七月七日に七頭立ての競馬レースで、七枠の馬に七七七ドルを賭けたが、その結果は七着であった。都市伝説かもしれないが、そういうケースも間々あるのもシンクロニシティだ。

つまり、当たり方にもパターンがあるのだ。人それぞれのパターンがあるので、自分がどのパターンの能力があるのかを見極めることが必要だろう。

マネーゲームと悪循環

しかしながら、目的をもたずにただ大儲けしても、その人が本当に幸せになるとは限らない。言い尽くされたことではあるが、人間万事塞翁《にんげんばんじさいおう》が馬で、お金があれば幸せというものでもない。

ユリ・ゲラーがカジノで当てて、大儲けしたことがあった。しかし、帰りのクルマのなかで気持ち悪くなったという話がある。

どうして大儲けしたのに気持ち悪くなったのか。それは人間がもつ後ろめたさと関係があるように思われる。ただ単に、自分の金儲けのために金を賭けるのは、後ろめたい行為なのだ。ならば、意図せずに手に入れたお金は、何か皆が楽しめるような目的や、他人が幸せになるように使うのが、いちばん手っ取り早い「後ろめたさ」の解消法である。

また、**お金はたくさんもって、たくさん払うというのが、お金のシンクロニシティを順調に回す秘訣**なのである。慣用句どおり、金は天下の回りものである。自分だけが貯めていては、それは宝の持ち腐れに等しい。

いまの世の中が紛糾している一因は、クレイマーが増えたり、ネットで他人をののしったりと、老若男女が好き勝手なことをいうようになっていることにある。シンクロニシティ的にいえば、古来、愚痴をいうとお金が貯まらないとされる。逆に、お金は人が喜ぶように使えば、返ってくるとされた。しかし、ネガティブな愚痴を口にし、将来が不安で全部貯め込み使わない、という負の連鎖が起きているのだ。日本はそのような文化に陥ってしまった感がある。

お金のシンクロニシティは、楽しんで貯めて、楽しんで使うことである。いまの日本はお金を使う楽しみすら失っている。苦しんで貯めるので、使わないという閉塞《へいそく》的状態になっているのだ。

これに対して、日本政府がやろうとしていることは、オリンピックにしても、万博にしても、お金をなんとか使わせようという戦略である。一〇兆円を超えようかというタンス預金を炙《あぶ》り出そうとしているわけだ。しかし現状をみると、北風と太陽ではないが、炙り出そうとすればするほど、余計に貯め込むという事態も予想される。

そこで打ち出されたのが、新札の発行である。新しいお札が発行されるのだから、「タンスにある古いお札は使わないといけない」と無意識的に思わせることによって、人々がお金を使うようになるという効果を期待しているわけである。

パターンを知って活用する

すでに述べたように、ギャンブルは予想と結果がニアミスのときは当たらず、遠ざかったときに当たる。そういうパターンがあるのである。それは心の状態にも当てはまる。「当てなければならない」とか「お金がないから博打《ばくち》に賭ける」と、勝負にこだわって、心が結果に近寄りすぎているうちは当たらない。しかしながら、「もうどうでもいいや」とか「当たらなくても面白い」と、心が少し遠ざかり、リラックスしているときに当たるのである。だからなるべく、競馬などのギャンブルにいくときにはお金をたくさんもっているときを選び、ゆとりの状態で賭けるといい。それがギャンブルの鉄則だ。

それはビジネスでうまくいく鉄則でもある。「お金がないから独立をする」とか「お金がないから別の仕事をする」とかいう心の状態よりも、ある程度心にゆとりがあり、経済的にも豊かなときにお金を引き寄せるイメージをもつと、シンクロニシティが起きやすくなるのだ。そのイメージがしやすいときというのは、シンクロニシティのゾーンに入ったときがいい。

お金に関するシンクロニシティを起こせるかどうかは、これまでみてきたシンクロニシティのパターンをあなたが活用できるかどうかにかかっている。

あとがき　「シンクロニシティ・コントローラーになるための50箇条」

心のあり方が宇宙を創る

ここで改めて、シンクロニシティをコントロールする「心のあり方」の極意を伝授しよう。
まずは、「いま」という素敵な心の椅子に座ることだ。これはどういうことかというと、過去とも未来とも切り離した「いま」という人生の舞台に「なんとなく」でよいから心を置いてみることから始めるということである。

それは空間にポカンと浮かんだ感じであるかもしれないし、ある種の瞑想と呼べる心の状態であるかもしれない。複雑に考える必要はない。「ここにいま、自分がある」という淡い想いがあればそれでいい。

この状態は、過去の過ちや運の悪さ、心地よくない習慣やジンクスとも何一つ関係はないと想うことでもある。過去にとらわれず、未来にも縛られず、時間のしがらみを一切絶ち、ただ「いま」だけを想う。重要なのは、あなたの大切な心を、過去のトラブルや悪いシンクロニシティの起きた時空の「定住者」にしてはならないということだ。嫌な思い出が浮かんできたら、感情を切り離して、ぼんやりした「いま」を楽しむようにする。

過去のつらいイメージや思いは、人生のなかで時々顔を出す。それを消すことが難しければ、少しだけそれを傍《かたわ》らにずらすだけでもよい。あなたがやるべき最優先事項は、なるべく質のよい「いま」という椅子に軽く座ることなのだ。

なんとなく「いま」という椅子に座れるようになったら、次のステップは、あなたが面白いと感じるさまざまな生活シーン、最上質の生活シーンをイメージして、そのイメージを身体で感じようとすることだ。その生活を欲しがるのではない。そのイメージのなかに、すでにいま、住んでいると想うのである。いまを想うのが「念」という祈り、すなわち「祈念」なのだ。

あなたは心のなかに素敵な城を建て、そこに住むことができる。そこから宝石のように輝く海や山を眺め、実際にそこで深呼吸をすることもできるのだ。太陽は明るく、大きな家も、家具も、クルマも、仲間も、お気に入りばかり。すべてが満たされたような理想の空間を思い描き、それを「目的」とする。そして五感のすべてを使って、その思い描いた理想の空間を十分に味わってほしい。そのイメージに全身全霊で浸ることだ。五分くらいでいい。長くても一〇分。短時間のほうが、迷いが入り込まないからだ。こうして「いま」「目的」「祈念」を楽しんでおこなう椅子（座）をつくるのである。

その次のステップとしては、自分は「もっと、はるかに大きいもの」のなかにいると考えることである。

我々の日常の人生は、限られた小さい素材の積み上げから成っている。知識、仕事、人間関係、物質、時間、衣食住などだ。日常の現実は、いわば社会というパズルゲームにすぎない。しかしあなたの心は、ゲーム盤のような物質的な限定を超えて、本質的にもっともっと大きい。あなたが描くことができるイメージは無限である。あなたは大きな宇宙の意志とつながっている。いや、むしろ大きな宇宙の意志の一部なのである。そのことを、事あるごとに考え、感じ、味わうのだ。

知識や仕事、物や時間は、大きなものとあなたとの交流を補う、ささやかな道具であると思った方がよい。というのも、宇宙の意志は、あなたという個性を通じて、この世界を眺めているからである。言い換えると、あなたは宇宙の手（触覚）であり、目（視覚）であり、耳（聴覚）であり、鼻（嗅覚）であり、舌（味覚）である。だからこそあなたは尊く、あなた自身こその道具を大切にしなければならないのだ。そう思うことによって初めて、日常の現実を、柔らかく、バランスよく、軽やかに生きることができるようになるのである。

こうした心の状態を保ちながら、明確なプランと目的をもって着実に日常を歩んでいくことだ。激しい日常ではなく、バランスよく、明るく軽やかに楽しんで生きるのである。そうしているうちに、不思議な出会いや、情報の引き寄せが起こるようになる。そして数年すると、とても見晴らしのよい世界に立っていたりするものである。

詰まるところ、シンクロニシティは強大な宇宙の意志とあなたとの創作活動なのだ。このことを理解できたのなら、運などあっという間に好転してしまう。シンクロニシティ・コントローラーの道は、眼前に広がっているのだ。

あなたに贈る50箇条の心得

最後に、シンクロニシティをなめらかにコントロールする生き方のコツを箇条書きにして締めくくろうと思う。五〇箇条の心得だ。忘れることなかれ。

①いまに生きる。
②いまに楽しさを軽く集中させる。
③柔らかく生き、自分にも他人にも少しだけ優しくする。
④神経質にならない程度にバランスを求める。
⑤楽しみのなかに住む。一日一日良い気分で生きる時間をつくる。
⑥イメージを身体（五感）で味わう。
⑦宇宙の意志の一部があなただと感じる。
⑧自分の心と宇宙の意志はあなたの味方であることを信じてみる。
⑨迷いと恐れから少し距離を置く。
⑩いままでに苦しみからどのように回復したか思い出す。
⑪時間、物、情報は夢を叶える道具であると知る。
⑫ツキは落ちても、次の瞬間持ち直したりすることを知る。
⑬より緊張すると、かえって静かになると知る。
⑭合理主義と精神主義をどちらも宝石のように大切にする。

⑮他人に恨まれないように心がける。
⑯他人に恨まれたら、あなたの尊さに集中する。
⑰他人を恨まない、責めない。この努力がお金になることを知る。
⑱人とはなるべく永くつき合う。だからあえてよく人を選ぶ。
⑲落ち込んだりスランプになったりしたときは、その感情をちょっと脇に置く。
⑳日々の積み上げは淡々とやる。
㉑一日一つ、面白いことをみつける。
㉒良いものを身近に置き、良いものを身につける。
㉓先祖の意識は、あなたのなかに生きており、いつも守ってくれていることを感じてみる。
㉔記念日をたくさんつくる。
㉕人を楽しませようとする。
㉖大自然に定期的に目を向ける。
㉗寄ってくる情報を吟味《ぎんみ》する。
㉘直感、思考、感情、感覚をすべて友とする。
㉙いつも使う言葉を明るくする。
㉚否定しても肯定的な言葉を少しつけ加える。
㉛自分が書く漢字の意味をいつも考え、イマジネーションを広げる。

㉜歴史を味方にする。
㉝仕事と学問と趣味を近づけるように努力する。
㉞世界と人の良いところをみつけようとする。
㉟準備を楽しむ。
㊱一人と大勢、どちらも楽しもうとする。
㊲長生きした作家の本を読む。
㊳食事は、なるべく好きな人と食べる。
㊴一か月に一度は土に触る。
㊵植物を育てる。
㊶一日二〇分は運動する。
㊷人気のあるラッキーアイテムをもつ。
㊸疑うでも信じるでもない状態を日常の基準とする。
㊹二年に一度は旅をする。
㊺自分の身体に感謝する。
㊻未知のものに好奇心をもつ。
㊼勇気を培う。
㊽バランスよく食事をする。

㊾運の良い人に近づく。
㊿時々人生を全体視して、充実した人生を生きているかどうかチェックをする。

本書では、いままでの人生のなかで、最もいいたかったことを吐き出せた気がする。その意味では、とてもすがすがしい気分である。

最後に本書を読み切ってくださったあなたに、本当にありがとうといいたい。よろしければ誰か大切な方々に、ぜひこの本を勧めてください。では、また。

1990年
植物からタロットカード、紋章までシンボルとしての意味が克明に載っている。
• ブレア(ローレンス)、菅靖彦訳『超自然学』平河出版社、1988年
多面体が人間の構造と相対していることや、手と星座の関係など宇宙と人間を結ぶ秩序が書かれている。
• ヘヴァリー・ムーン、シンボル研究文庫『元型と象徴の事典』
• 宝来正芳『犯罪捜査と第六感の研究』研文書院、1938年
おそらく世界で最初の第六感と犯罪捜査について書かれた本。こういう取り組みは日本が元祖であった。忍者の方法などを犯罪捜査に応用している。
• ボルタ(G・デッラ)、澤井繁男訳『自然魔術』青土社、1990年
古典書。錬金術っぽいおまじないの話、イルカはハープが好き、ツボこそ一番実用的なシンクロニシティなど。
• ポンセ(チャールズ)、大沼忠弘訳『魔法遊戯』平河出版社、1983年
• 水野南北、水沢有訳『南北相法修身録[全]』東洋書院、2009年
• 水野南北『小食開運・健康法秘伝』慧文社、2012年
• 水上薫『聖書と易学』五月書店、2005年
• 宮城音弥『手相の科学』小学館、1985年
• 迷信調査協議会編『迷信の実態』技報堂、1952年
• 木星王『ガンの手相』アロー出版社、1975年
• 森田正馬『迷信と妄想』実業之日本社、1928年
• ラディン(ディーン)、石川幹人訳『量子の宇宙でからみあう心たち』徳間書店、2007年
• ローウェ(マイケル)、島田裕自巳ほか訳『占いと神託』海鳴社、1984年
• 綿谷雪『ジンクス——運と偶然の研究』三樹書房、1980年
• ワルチンスキー(デヴィッド)ほか『ワルチン版大予言』二見書房、1982年
• ワルチンスキー(デヴィッド)ほか『ワルチン版大予言２』二見書房、1982年
(外国の文献)
• ジョン・A・キール、北村十四彦訳『失われた惑星文明』大陸書房、1975年
(原典:John A. Keel, "Our Haunted Planet," 1971)
• ジョン・A・キール、南山宏訳『四次元から来た怪獣』大陸書房、1973年
(原典:John A. Keel, "Strange Creatures From Time and Space," 1970)
• ジョン・A・キール、巻正平訳『UFO超地球人説』早川書房、1976年
(原典:John A. Keel, "Operation Trojan Horse," 1970)
• Jacques Vallee, "The Invisible College," Dutton, 1975
学者たちが本気でUFO問題から超能力まで詳しく分析している。
• Maggie Hyde, "Introducing Jung," I con Books, 2015
• John A. Keel, "The Eighth Tower," Anomalist Books, 2013

- 楠原久司『心の医学』三崎書房、1972年
  私が10代のころに静岡で手放して、およそ40年の歳月を経て、東京の古本屋で購入して再び私の手元に戻ってきた本。まさにシンクロニシティ。病気と心の関係について書かれている。この本は私が、体と心のシンクロニシティの問題に気づかされた最初の本であった
- 『元三大師百籤(活字復刻版)』
- 厳新(監修)『厳新気功学』ベースボールマガジン社、1990年
- 蔡恒息、中村璋八・武田時昌訳『易のニューサイエンス』東方書店、1994年
- 佐藤信淵『佐藤信淵鉱山学集』富山房、1944年
  北天に高い山を置いてみると、金山が光って見える。どこに鉱山があるかわかる。空間と土のなかが連動してシンクロを起こす。それを「望気」と呼んだ。平賀源内のような科学者が当時このようなことを書いている。しかるべき見方をすれば光る。それを人は山師と呼んだが、先天的に本当に当てられる人はいた。共感覚的な話が書かれている。
- 佐藤正忠『学生易者』コスモポリタン社、1953年
- 椎野八束編集『ユング　現代の神話』新人物往来社、1993年
- 椎野八束編集『ユング　こころの神秘』新人物往来社、1993年
- スキナー(C.M.)、垂水雄二ら訳『花の神話と伝説』八坂書房、1988年
- 高島象山『数理観相学』科学予言総本部、1930年
- 高橋良典『諸世紀の秘密』自由国民社、1984年
- 田中久文『九鬼周造――偶然と自然』ペリカン社、2001年
- タルボット(マイケル)、川瀬勝訳『ホログラフィック・ユニヴァース』春秋社、1994年
- 中国科学院生物物理研究所地震グループ『動物が地震を知らせた』長崎出版、1979年
- 津島秀彦『超運命学の原理』大陸書房、1972年
- 東京占業組合連合会『易学教科書手相編(巻一)』東京占業組合連合会、1939年
- 外山紀久子編『気の宇宙論・身体論』埼玉大学教養学部・文化科学研究科、2015年
- 根本敬・村崎百郎『電波系』太田出版、1996年
  〝電波系〟の教祖によるシンクロニシティ的な本。
- ハイド(マギー)、小林司訳『マンガ　ユング心理学入門』講談社、2010年
- 橋本徹馬『超科学的に見たる諸病対策事典』紫雲荘、1980年
- PHP研究所(編)『未来年表』PHP研究所、1992年
- 東浦義雄ほか『英語世界の俗信・迷信』大修館書店、1974年
- 藤沢衛彦『図説日本民族学全集１～４』高橋書店、1971年
- 藤波幽堂『運勢大辞典』さわね出版、1990年
- 藤巻一保『占いの宇宙誌』原書房、2001年
- 布施泰和『竹内文書と平安京の謎』成甲書房、2015年
- フリース(アト・ド)、荒このみほか訳『イメージシンボル事典』大修館書店、

●参考文献一覧

「シンクロニシティ」をより理解するために以下の書物をおすすめします。一部の書物には私のコメントをつけました。

- 秋山眞人『実際に起きた驚異の偶然の一致』二見書房、1994年
- 秋山眞人『超能力おもしろ実験室』河出書房新社、1995年
- 秋山眞人『願望実現のための［シンボル］超活用法』ヒカルランド、2012年
- 秋山眞人・布施泰和『楽しめば楽しむほどお金は引き寄せられる』コスモ21、2014年
- 秋山眞人・布施泰和『あなたの自宅をパワースポットにする方法』成甲書房、2014年
- 秋山眞人・布施泰和『シンクロニシティ「意味ある偶然」のパワー』成甲書房、2017年
- 朝倉三心『物念』土曜美術社、1982年
- 池上正治『気の不思議』講談社現代新書、1991年
- 池上正治『気で観る人体』講談社現代新書、1992年
- 池上正治『気で読む中国思想』講談社現代新書、1995年
- 市村俊彦『テレパシーの世界』大陸書房、1971年
- 市村俊彦『世界のテレパシー現象Ⅱ』大陸書房、1972年
- 井上円了『迷信の諸相・宗教の真相』群書、1983年
- 井上円了『哲学うらない』哲学館、1901年
- 井上赳夫『日本古代文明の謎』大陸書房、1974年
- 井上赳夫『魔の特異日』ごま書房、1976年
- 井村宏次『予言と超予測』ビイング・ネット・プレス、2009年
- ヴァラーハミヒラ、矢野道雄ら訳『占術大集成１』平凡社、1995年
- ヴァラーハミヒラ、矢野道雄ら訳『占術大集成２』平凡社、1995年
- ウィルソン（ロバート・A）、武邑光裕訳『コスミック・トリガー』八幡書店、1994年
- 宇佐美景堂『数霊法運命鑑』霊響山房、1975年
- 運命の謎を探る会編『科学では説明できない奇妙な話（偶然の一致篇）』河出書房新社、2002年
- 運命の謎を探る会編『科学では説明できない奇妙な話（運命の不思議篇）』河出書房新社、2003年
- 大熊茅楊『ズバリ！病気は手で分かる』東洋書院、2012年
- 小倉曉風『御道の宝』成章堂、1921年
- カク（ミチオ）『パラレルワールド』日本放送出版協会、2006年
- 筧克彦『神ながらの道』岩波書店、1945年
  戦前の法律家で神道思想家が、空間性を持った神様と人との関係について論述。大量のカラー図版。
- 亀田壱弘『家庭宝典』共同館、1934年
- 木村鷹太郎『世界的研究に基づける日本太古史』私家版、1912年

64　火水未済《かすいびせい》　**未完成**

䷿

時はまだ至らず、未完成なとき。努力して自己鍛錬し、才能を磨けば、素質も才能もやがて開花させることができる。

57 巽《そん》為《い》風《ふう》　自然体の魅力

䷸

緊張を解き、リラックスするとき。不本意な展開があっても受け流し、何ものにもとらわれず風のように自由で争わなければ、うまくいく。

58 兌《だ》為《い》沢《たく》　重なる楽しみ

䷹

喜ばしく楽しいとき。少々のことは気にせずに、いまの状態を手放しで喜び楽しめば､運気はますます上昇する。

59 風水渙《ふうすいかん》　春の予感

䷺

春の雪解けのように、長く辛《つら》い時期が過ぎ去ろうとしているとき。一気に物事の成就を望まず、焦らずに周囲の人たちと協力すれば、成功する。

60 水沢節《すいたくせつ》　節度、節目

䷻

何かが限界のところまできているとき。限界にあることを自覚したうえで、引き下がるか挑戦するかを見極めて行動すれば、解決できる。

61 風沢中孚《ふうたくちゅうふ》　誠心誠意

䷼

誠実さや誠意が必要なとき。虚栄を廃して、他人に対してだけでなく自分自身にも誠実であれば、大きな成功を得ることができる。

62 雷山小過《らいざんしょうか》　あと半歩の勇気

䷽

いろいろなことでいき過ぎているとき。過信せず、過小評価もせず、じっくりと判断して、できるところから手をつければ、うまくいく。

63 水火既済《すいかきせい》　完成

䷾

収まるべきところに収まっているとき。完成したと思えば次の目標に向かって進み、満ち足りていれば穏やかに行動すると、うまくいく。

50　火風鼎《かふうてい》　**鍋で煮る**

䷱

安定して満ち足りた状態のとき。より具体的な計画を立て、人の協力を十分に得れば、目標に向かってドンドン進んでいくことができる。

51　震為雷《しんいらい》　**大逆転、大発展**

䷲

驚天動地の大飛躍がやって来るとき。緻密な計画と明確な目的をもち、ここ一番で奮起すれば、大躍進を遂げることができる。

52　艮為山《ごんいさん》　**不動**

䷳

動かずにじっとしているとき。余計な嘴《くちばし》を挟《さしはさ》まないようにして、どっしりと構えて心静かに想像力を働かせれば、うまくいく。

53　風山漸《ふうざんぜん》　**緩やかな発展**

䷴

穏やかに発展していきつつあるとき。「運が良くなりつつある」と現在進行形で自分の明るい未来や夢を自分に語りかければ、大いに効果を発揮する。

54　雷沢帰妹《らいたくきまい》　**未熟**

䷵

未熟で不釣り合いなとき。男性には思いがけない災難が、女性には背伸びにより無理が生じるので、身を引いたり撤退したりするとよい。

55　雷火豊《らいかほう》　**豊かさ**

䷶

とても豊かで盛大なとき。まだ足りないと不満をもつのではなく、既に豊かなのだと考え感謝すれば、一層豊かになれる。

56　火山旅《かざんりょ》　**放浪**

䷷

目的をもたず、さまよっているとき。目的を明確にして自分の未来に自信をもてば、人生を豊かな旅にすることができる。

43　沢天夬《たくてんかい》　**決断のとき**

䷪

決断を迫られるとき。いきなり過激な決断を下すのではなく、筋道を立ててじっくり考え、穏やかな状態で決断すれば、うまくいく。

44　天風姤《てんぷうこう》　**出会い**

䷫

思いがけない男女間の出会いがあるとき。男性の場合は女性に翻弄《ほんろう》されないように注意し、女性の場合は積極的に行動すると、うまくいく。

45　沢地萃《たくちすい》　**盛りだくさん**

䷬

人をはじめ、さまざまなものが集まって来るとき。集まって来る人たちにとって自分自身が正しい意味で役に立ち、楽しい人間であれば、幸福になれる。

46　地風升《ちふうしょう》　**天を目指す**

䷭

木が成長するように、いままさに伸びていくとき。焦らずに、経験豊富な人の意見を聞くなど知恵や知識を吸収すれば、大きく成長できる。

47　沢水困《たくすいこん》　**苦難**

䷮

苦難がもたらされているとき。困難に直面してもくじけずに、言葉よりも誠意ある態度を示せば、解決することができる。

48　水風井《すいふうせい》　**井戸**

䷯

〝井戸〟の存在を見直すとき。身近にある大切なものや人を見直して感謝し、潜在意識を健康的に活用すれば、うまくいく。

49　沢火革《たくかかく》　**変革のとき**

䷰

革命や変革が起こるとき。改めるべきところは改めて、心の準備を進めて時期を待てば、変革はよい方向で成就する。

36 **地火明夷《ちかめいい》** **闇に閉ざされる**

䷣

世界が暗闇に閉ざされているとき。逆境にいても公明正大な態度を保ち、自分の中の闇を少しずつ取り除いていけば、光明がみえてくる。

37 **風火家人《ふうかかじん》** **家庭**

䷤

家のなかが順調であるとき。第六感を含む女性的な力が正しく発揮されれば、家庭は平和に治まり、幸せを育むことができる。

38 **火沢睽《かたくけい》** **対立**

䷥

お互いがそっぽを向いてしまうとき。意見が食い違っても、お互いが歩み寄って理解を深めれば、対立を調和に変えることができる。

39 **水山蹇《すいざんけん》** **目前の障害**

䷦

行く手を阻まれて立ち往生しているとき。自分の力をよく知り、経験豊富な人の知恵を借りれば、困難を克服することができる。

40 **雷水解《らいすいかい》** **雪解け**

䷧

ようやく苦しい時期を脱し、緊張感が少しずつほぐれてくるとき。心を解放しながら周囲の人を許し、すべきことに素早く対応すれば、幸運が舞い込む。

41 **山沢損《さんたくそん》** **損して得とれ**

䷨

何かが減っていくとき。なんでも増やせばいいというものではなく、考えようによっては減らした分だけ豊かになることができる。

42 **風雷益《ふうらいえき》** **増えていく**

䷩

どんどん勢いが増していくとき。物質的な財産を増やすことにとらわれずに、内面の豊かさを蓄えることに注力すれば、物質的豊かさも自然と集まってくる。

29 坎《かん》為《い》水《すい》 **溺れる**

深みに落ちていくような危険なとき。無謀なことは避け、慎重な姿勢を崩さずに、あえて困難に立ち向かえば成果を得ることができる。

30 離《り》為《い》火《か》 **まといつく炎**

火のようなものにまとわりつかれているとき。冷静で正しい姿勢は幸運をもたらすが、間違えると争いや離別に発展する。

31 沢山咸《たくざんかん》 **感情の交流**

男女間で感情の交流が始まったとき。過度に感情に流されずに、理性を保ちながら豊かな感受性を前面に出して接すると、うまくいく。

32 雷風恒《らいふうこう》 **持久力**

継続していくべきとき。目先の変化に惑わされたりせず、目的意識を持続していけば、必ず成功することができる。

33 天山遯《てんざんとん》 **勇気ある逃走**

勇気ある撤退をするべきとき。これまでの努力に固執せず、潔く退却すれば、深追いして傷を負うこともなく、多くの利益を得ることができる。

34 雷天大壮《らいてんたいそう》 **大きな力**

運勢的に非常に強く、勢いがあるとき。調子に乗り過ぎずに、精いっぱい前に進めば、運気が上昇して勝利することができる。

35 火《か》地《ち》晋《しん》 **一歩ずつ前進**

すべてが順調で、少しずつよくなっていくとき。用意周到に計画を立て、迷わずに進めば、すべてがよく治まって、豊かになっていく。

22　山火賁《さんかひ》　華やかさと確かさ

䷕

夕日が照り映える山のように美しいとき。本質をしっかり見極めて、外見や心を美しく飾れば、恩寵《おんちょう》を受けることができる。

23　山地剝《さんちはく》　剝奪《はくだつ》

䷖

いまにも地滑りが起きそうな危ういとき。状況が変わるまで慌てないでじっと待ち、内面の力を蓄えておけば、運勢も開けていく。

24　地雷復《ちらいふく》　回復

䷗

運勢が大きく好転するとき。しっかりとした計画を立て、自信をもって積極的に行動すれば、運命を良い方向へ大きく変えることができる。

25　天雷无妄《てんらいむぼう》　素直さと無邪気さ

䷘

自然のままの無垢《むく》な状態のとき。妙な作為をせずに、子供のように素直な心で行動すれば、本来の力を正しく引き出すことができる。

26　山天大畜《さんてんたいちく》　蓄積と抑止

䷙

大きな力を蓄えながら停滞しているとき。知識を広げ、見聞を蓄え、自分を豊かにする地道な努力と忍耐があれば、その後大いに飛躍できる。

27　山雷頤《さんらいい》　養生する

䷚

心身の養生が必要なとき。正しい知識や栄養を吸収しながら実力や英気を養えば、心身ともに豊かになることができる。

28　沢風大過《たくふうたいか》　過剰、過大

䷛

負担が大きすぎて危険なとき。自己過信せずに現状を正確に把握すれば、過剰な重荷を軽減することができる。

15　地山謙《ちざんけん》　**謙虚さと柔和さ**

䷎

自分の力を過信せず、謙虚な姿勢でいるとき。力をひけらかすのではなく、控えめで穏やかな態度を取れば、自然と幸せがやってくる。

16　雷地豫《らいちよ》　**熱意と行動**

䷏

春の訪れを告げる春雷のように、チャンス到来のとき。熱意をもって、心の底から楽しんで行動すれば、大きく飛躍することができる。

17　沢雷随《たくらいずい》　**従順**

䷐

流れに逆らわず、従うとき。従属ではなく、人の話に耳を傾け、状況に従い、第六感に自ら喜んで従えば、好ましい方向に進むことができる。

18　山風蠱《さんぷうこ》　**腐敗**

䷑

物事が腐敗しているとき。腐敗の原因となる病巣をバッサリと切り捨てるなど大胆な対策を取れば、大きく事態を好転できる。

19　地沢臨《ちたくりん》　**その時がくる**

䷒

待ちに待ったチャンスが近くまできているとき。心身ともに準備を整え、タイミングよくチャンスをとらえれば、成功することができる。

20　風地観《ふうちかん》　**観察と熟考**

䷓

いろいろな状況を広範囲にわたって余すところなくみるとき。状況をつぶさに観察して、熟考を重ねれば、開運することができる。

21　火雷噬嗑《からいぜいこう》　**噛み砕く**

䷔

強い力でじっくりと噛み砕くとき。問題や課題を後回しにせず、良い習慣を身につけるなど段階を踏んで進めば、解決することができる。

8　水地比《すいちひ》　**親和力**

人との協力によって計画を進めるとき。自分と折り合いをつけ、相手に合わせれば、大きく前進できる。

9　風天小畜《ふうてんしょうちく》　**自分を抑える勇気**

小さな障害があって不安的なとき。時がくるのを信じて、慌てずにゆっくりと歩めば、目的は達成できる。

10　天沢履《てんたくり》　**虎の尾を踏む**

虎の尾を踏むようなピンチのとき。恐怖心を克服し、正しい心で向き合えば、危険を回避して自信や勇気を獲得することができる。

11　地天泰《ちてんたい》　**平和と安定**

天と地の二つの力がうまくかみ合う盛運のとき。いたずらに変化や冒険を求めず、ゆったりと穏やかな気持ちで臨めば、運気を維持できる。

12　天地否《てんちひ》　**停滞と逆境**

希望や計画の達成が難しい運気停滞のとき。焦らずに、堅実に行動し、広い視野で物事をとらえ直せば、現状を打開できる。

13　天火同人《てんかどうじん》　**協力と公平**

多くの人と広く協力して事に当たるとき。公明正大に偏りなく接すれば、チームワークの力で大きな目標を達成できる。

14　火天大有《かてんたいゆう》　**大量に所有する**

大いなる力を有し、たいていの望みが叶うとき。おごることなく、大きな夢に向かって楽しく進んで行動すれば、幸福はどんどん膨らんでいく。

あなたの未来を暗示する64の形象と指針

卦　キーワード

1 乾為天《けんいてん》 **王者の創造力**

宇宙のパワーが味方につき、望みが叶うとき。短気、高慢にならずに正しい心で積極的に取り組めば、物事はうまくいく。

2 坤為地《こんいち》 **受容する力**

第六感のセンサーが敏感に働き、望みが叶うとき。目先の利益や憎悪の感情を捨て、第六感を信じて従えば、幸運がもたらされる。

3 水雷屯《すいらいちゅん》 **努力と持続力**

はじめに苦しみや困難が待ち受けているとき。短気にならず努力と忍耐を続ければ、障害を乗り越え、目的を達成できる。

4 山水蒙《さんすいもう》 **未熟さの自覚**

まだまだ未熟で、知恵を学ぶべきとき。未熟さを自覚して、謙虚に学べば、未知の可能性があふれ出す。

5 水天需《すいてんじゅ》 **積極的に待つ**

チャンスが到来するのを積極的に待つとき。不安を捨て去り、第六感を磨いて機を逃さなければ、成功する。

6 天水訟《てんすいしょう》 **闘争と激突**

自分の怒りや敵意によって左右されやすいとき。視野の狭さを認め、誤解を正し、専門家の忠告を謙虚に聞いたりすれば、解決できる。

7 地水師《ちすいし》 **自己制御**

群衆のようにさまざまな思いが湧き上がってくるとき。軍隊を統率する指導者のように自分の思いを整理して見直せば、運命を切り拓ける。

付録 あなたの運命を知り、それを幸運に変える「易」の世界

●「あなたの未来」に気づくための「易」の立て方

易の卦の出し方は簡単で、たとえばコインを6回投げて、裏（陰）と表（陽）の順番がどのような組み合わせで配列されたかをみることで易を立てられる。その際、陰を表す記号（--）と陽を表す記号（—）を使って、下から上にその記号を書いていく（左ページの図参照）。最初に投げた三つの陰陽の組み合わせで下の卦が出て、次に投げた三つの陰陽の組み合わせで上の卦が出る。仮に最初に表、表、表と出たら「乾」（天）で、次に投げたコインが裏、裏、裏であれば「坤」（地）となる。つまり上の卦が「地」で、下の卦が「天」であることから、「地天泰《ちてんたい》」という易占いの結果が得られる。

このやり方を知っていれば、すれ違った人で易を占うこともできる。女性を陰、男性を陽に見立てて、朝、最初にすれ違った人から6人目までの性別で易が立つ。仮に男、女、女、女、男、女の順ですれ違ったら、下の卦が☳で「震」（雷）となり、上の卦が☵で「坎」（水）となるので、「水雷屯《すいらいちゅん》」の結果となる。ちなみに水雷屯には《はじめに困難があるが努力と持続力があれば乗り越えられる》というような意味がある。

これらを参考にして、自分で易を立ててみてほしい。

宇宙を表す「八卦」とその象徴

記号	数字	色	形	自然	特徴
乾《けん》（☰）	1	灰色	円形	天	リーダーシップ
兌《だ》（☱）	2	白と金	三日月	湖	コミュニケーション
離《り》（☲）	3	赤	三角形	火	熱意
震《しん》（☳）	4	青と緑	長方形・円柱	木	人間関係

	方角	場所	人物	体の部位	趣味
乾	北西	景勝地、高い所	父、祖父	首、骨	武道、宝飾品集め
兌	西	水際、谷、沼	少女、巫女	唇、舌	歌、グルメ、 おしゃべり
離	南	乾燥地、火山地帯	次女、仮面の人	目、心臓	パソコン、文芸
震	東	賑やかな場所	長男	足、筋肉	園芸、お花

記号	数字	色	形	自然	特徴
巽《そん》（☴）	5	紫	波打つ形	風	自由
坎《かん》（☵）	6	黒	割れ目、穴	滝	集中
艮《ごん》（☶）	7	藍色	凸	山	継続、続行
坤《こん》（☷）	8	ピンクとオレンジ	正方形	大地	受容

	方角	場所	人物	体の部位	趣味
巽	南東	草原、花園	長女、教祖	股、呼吸器	キャンプ、ゲーム
坎	北	川、池	次男	耳、血液	水泳、釣り
艮	北東	山、丘陵	末っ子、三男	指、鼻、背	陶芸、登山、園芸
坤	南西	田園、平地	母、老婦人	腹、脾臓	陶芸、文芸

フクジュソウ：伸び芽が出る。やっていることが面白くなってくる。(○)
ブーゲンビリア：夢を描きやすくなる。未来に対して希望が出てくる。(○)
フリージア：楽天主義的になる。(○)
ホウセンカ：他人に理解されたくなる。他人を当てにするようになる。(×)
ボケ：他人の言葉にとらわれ過ぎ、あれこれ考えてしまう。(×)
ボタン：いまが最高で、後は伸びなくなる。(×)

マ行

マツバボタン：楽しくやっていく気持ちのゆとりが出る。(○)
ミヤコワスレ：他人とうまくいかなくなる。(×)
ムクゲ：一歩前進。楽しみなことが出てくる。(○)
モミジアオイ：人間関係がスムーズに運びやすくなる。(○)
桃：神秘的な花で、霊的力が強い。桃の実には魔物を退散させる力がある（『古事記』の「黄泉《よみ》の国神話」)。3月3日の上巳《じようし》の節句に使う。(○)

ヤ行

ヤグルマソウ：身の回りのことを他人が世話してくれる半面、わがままになりやすくなる。(△)
ヤマブキ：テレパシー受信能力が強まる。霊の影響を受けやすくなる。(○)
ユリ：我が強くなる。(×)

ラ行

リンドウ：こだわりや不満が取れる。(○)
レンゲソウ：いまはよくないが、後で少しずつ良くなる半面、のんびりしてしまい、やるべきことができなくなる。(△)

ワ行

ワスレナグサ：こだわりから抜け出せなくなる。愛情面で寂しくなる。(×)

タ行

タチアオイ：人の縁を呼び、人間関係の浄化に役立つ。（○）
ダリア：心がすぐに萎《な》えてしまい、楽しくなれなくなる。（×）
タンポポ：やっていることが楽になる半面、真面目に取り組むべきところも遊びになってしまう。（△）
チューリップ：他人から好意をもたれるようになる半面，愛情面でゴタゴタが起きやすくなる。（△）
ツツジ：やっていることが後で実ってくる。（○）
椿：血の色で、ポトッと花が落ちるため、宗教的には忌み嫌われる。女性上位になる。男性はいつも女性に気兼ねするようになる。（×）
デージー：他人に好かれる。（○）

ナ行

ナデシコ：人を立て、人を思い、人のなかで楽しく生きようとする心が出る。（○）
ニオイアラセイトウ：信念が出てくる半面、頑固になる。（△）

ハ行

ハイビスカス：いまやっていることが切り替わって良くなる。（○）
萩：一歩前進できる。（○）
ハマナス：寂しい気持ちが出やすくなる。（×）
バラ：霊的に強い作用がある。情念を焼き尽くし、知性、理性を強める。男たちの悪しき想念を洗い流す力がある。（○）
パンジー：静かで穏やかな気持ちになる半面、他人に頼るようになる。（△）
ヒナゲシ：女性上位になる。愛情面で冷たい気持ちが出やすくなる。（△）
ヒマワリ：念力や行動力が強化される半面、女性は感情が乱れやすくなる。（△）
ヒャクニチソウ：生命力が強まる。（○）
ヒヤシンス：生命力や信念は強化される半面、他人からバッシングを受けやすくなる。（△）
フウリンソウ：心が揺れ動いて決心がつきづらくなる。ハラハラしやすくなる。（×）

していく。（○）
グラジオラス：気持ちが切り替わる。先が明るく、楽しくなる。（○）
クレマチス：心に重心を置いて物事を考えることができるようになる。（○）
クロッカス：親子の仲が悪くなる。目上の人に認められなくなる。（×）
クローバー：寂しくなる。女性に恵まれなくなる。（×）
月桂樹：伸び芽が出てくる。やっているものが良くなってくる。（○）

サ行

桜：はかなさや死のイメージをもつ。神的権力を刺激する。（○）
サクラソウ：40代過ぎの人には活気がでる。（△）
サフラン：物事が切り替わって良くなる。（○）
サルビア：生命力を強化する。安心をもたらす。（○）
ジギタリス：物事のこだわりから解放される。（○）
シクラメン：他人の言葉を素直に聞ける。感謝する心が出る。また、他人に感謝される。（○）
シネラリア：気持ちが切り替わり楽しくなる。（○）
シャクナゲ：ハラハラドキドキすることが多くなる。（×）
スイートピー：女性に好かれる。男性は愛情面で恵まれる。（○）
ストレリチア：他人に認められる。受け入れられる。（○）
スイセン：自分の想念が通りやすくなり、テレパシー能力が強まる半面、自己陶酔しやすくなる。（△）
スイレン：霊的作用が強く、瞑想がしやすくなる。（○）
スズラン：愛情面で人を思う心が出てくる半面、好きになった人に振り回されやすくなる。（△）
スノードロップ：現在取りかかっていることがだんだん良くなる半面、焦りが出やすくなる。（△）
スミレ：陰に籠《こ》もるようになる。影になり、なかなか認められなくなる。（×）
ゼニアオイ：細やかに気を使うことができるようになる。（○）
ゼラニウム：輪が広がる。（○）
セントポーリア：楽しくなる。（○）

植物と運命のシンクロニシティ〈表9〉

（○）はプラスの効用が強い植物、（×）はマイナスの効用が出る場合がある植物、（△）はプラスもマイナスの効用もある植物

ア行

アイリス：女性上位になる。母親に認められなくなる。（△）
アザミ：イライラして不安定になりやすくなる。（×）
アジサイ：やっている物事が良くなってくる半面、目標が変化しやすくなる。（△）
アスター：念力が強まる。（○）
アネモネ：寂しくなる。（×）
アヤメ：心のなかの不満をため込みやすくなる。（×）
梅：人の縁を呼ぶ。（○）
エニシダ：やっても、やってもうまくいかなくなる。（×）
エリカ：やっても、やってもうまくいかず、あきらめやすくなる。（×）
オダマキ：不義の心が出る。裏でアレコレ考えて、結局うまくいかなくなる。（×）

カ行

カーネーション：感謝する心が出る。愚痴をこぼさずにやっていける。（○）
ガーベラ：霊的に質の悪いエネルギーを消す。（○）
カトレア：運気が上昇する。（○）
カンナ：やる気が出てくる。ものごとに情熱が湧いてくる。（○）
キキョウ：信念が強くなる半面、縁の下の力持ちとなり表に出られなくなる。（△）
菊：非常に高貴で、かつ霊的力が強い。外部からくるものごとを無にする。それゆえに、9月9日の重陽の節句など宗教的儀式があるときだけ使う。（○）
ギボシ：霊的な力が強く、霊魂の浄化に役立つ。（○）
キンセンカ：物事に計画性が出てくる。入ってくるものを確実なものに

方、最悪の状態で着けると、それがいつまでも続く。
トルコ石　こだわりがなくなり、いつまでも過去を忘れない人にはプラスに働く。人生の転換期に用いて吉。人生が冒険的になるといわれる。

ハ行

翡翠《ひすい》　運が上昇し始め、他人との協調の心が生まれる。タイミングが合いやすくなる。金運が上がる。

マ行

メノウ　人間関係が円滑になり、友達が増える。

ラ行

ラピスラズリ　現在やっていることが急に好転する。
ルビー　愛情面でとても情熱的になり、やる気も湧いてくる。

パワーストーンと運命のシンクロニシティ〈表8〉

ア行

アクアマリン　現在やっていることが、一歩成功へと近づく。周囲があなたを評価するようになる。他人と衝突しやすい人にお勧め。他人に良い印象を与えたり、他人に認められたりする。やる気も出てくる。

アメジスト　感情を増幅させる。幸せな人はより幸せになるので、できるだけプラスの感情を抱いているときに着けると大吉。スピリチュアルな直感を強めるといわれる。

エメラルド　プラス思考になり、考え方や行動が積極的になる。潜在的な能力が発揮され始める。いままで学んだことや伝統的なことが人生に生かされてくる。

オパール　冒険心が旺盛になるが、運気が不安定になり、どちらかというとマイナスに作用する。スリルに満ちた冒険を望む人には吉。

カ行

ガーネット　現在やっていることが少しずついい結果をもたらすようになる。優しさが出てくる。

琥珀《こはく》　物事に執着しやすくなり、伸びが止まるともいうが、何かをじっくり念じたいときは、身につけると守ってくれるとされた。

サ行

サファイア　力が強くなる分、独立心や自尊心が強くなる。他人と強調する気持ちが薄れるので、取り扱いに注意が必要。

サンゴ・真珠　いつも身に着けていると、孤独感が強くなる。華やかなパーティーなどで着けると、バランスが取れて吉。

水晶　内包する鉱物によって色や形にバリエーションがあるが、アメジスト（紫水晶）以外では、ローズ水晶が愛情面の運と祈りを守護し、透明なものは、おもに祈りの具現化をサポートするとされる。

タ行

ダイヤモンド　潜在的な力が発揮され、感情も安定して、最高の状態が保てる。ただし、身に着けたときの状態をロックする力があるため、プラスの感情をもっているときに着けると、そのいい状態が保持される一

57 吉 途中で失敗や苦労もあるが、最後には必ず克服して成功をつかむ。
58 中 上昇と下降を繰り返すが、じょじょに安定し落ち着くところに落ち着く。
59 凶 何事に対しても我慢が足りず、また決断がつかないまま苦労する。
60 凶 何をやってもうまくいかない。最後まで報われず、苦労が絶えない。
61 吉 これまでの努力が報われ、大きな成功を収める。名誉も財産も得る。
62 凶 目標を達成することなく、途中で挫折する。身も心も消耗が大きい。
63 吉 望みごとが晴れて叶い、何事も安定する。子作りのチャンス。
64 凶 運気が乱高下するが、予期できない災難や病気に襲われる可能性あり。
65 吉 一日中、何事もなく安定しており、健康、金運、家族運もすべて順調。
66 凶 悩みが絶えず、病気や災難にあいやすい。何をやっても失敗する。
67 吉 目上の人の援助を受けることで、みごと目標を達成、成功をつかむ。
68 吉 強い意志力と鋭い頭脳に、普段の努力が結実し、名誉と財産を得る。
69 凶 無理難題がぞくぞくとたちはだかり、何事もうまくいかない。
70 凶 人間関係が険悪になり、世の中から無視され、自分の存在価値を失う。
71 中 消極的で気力が乏しくなりがちだが、精一杯努力すれば道は開ける。
72 凶 人からはうらやましがられるが、内実は苦労がたえず、最後に失敗する。
73 中 保守的で大きな進展はないが、普段の人徳によって最後に安定する。
74 凶 怠惰で自分勝手な行動がめだち、周りから無視され苦労が絶えない。
75 中 新しいことに手をだすと、障害が絶えない。保守的に動けば平穏無事。
76 凶 家族と別離する運気。病気になりやすく、何事もうまくいかない。
77 中 つぎつぎと援助者が現れるが、じょじょに滞り、最後にいきづまる。
78 中 運気が不安定で、優れた知性が活かされず、中年以降の人はいきづまる。
79 凶 消極的で心が落ち着かず、人の援助もなく、なんの成果も得られない。
80 凶 最初から最後まで障害が絶えず、病気や災難がつぎつぎと襲ってくる。
81 吉 1と同じで、何をやっても成功し、名誉も財産も思うがままになりやすい時。

※おみくじなども、この占断に近いものが多い

28 凶 一時的に幸運がおとずれても、長続きせず、不安定で苦労が絶えない。
29 吉凶 男性は人の上に立ち、精力的に活動する。女性は大切な伴侶を失う。
30 中 賭け事に心を奪われる。運気は不安定で、損にも得にもならない。
31 吉 人から信頼され、大きな目標を達成できる。財産を築き安定する。
32 吉 これまでの人徳が認められ、目上の引き立てを得て、成功する。
33 吉凶 謙虚にふるまうことによって大躍進する。女性は大切な伴侶を失う。
34 凶 いっけん順調にみえても、あと一息のところで失敗する。孤立に注意。
35 吉 力のある者のアドバイスを得て成功する。女性は、万事うまくいく。
36 凶 人の頼みを安請け合いすると、けっきょく裏切られ、大損する。
37 吉 着実に努力を積み重ねた結果がでる。人から信頼され成功する。
38 吉 自分の能力を超えない範囲で行動すれば、何事もうまくいく。
39 吉凶 気苦労が絶えないが、最後に成功する。女性は大切な伴侶を失う。
40 凶 いくら知恵をめぐらしても、人徳の不足でなかなか成果が得られない。
41 吉 高い人徳が認められ、大きな目標をなし遂げる。名誉、財産を得る。
42 中 人づきあいはうまくいくが、成果に結びつかず、身も心も疲れ切る。
43 凶 時勢に乗り遅れて失敗し、これまで築き上げた財産や名誉を失う。
44 凶 自分の能力を過信しすぎて、支持を得られず失敗し、すべてを失う。
45 吉 苦労多く一筋縄ではいかないが、大きな目標を達成することができる。
46 凶 好調と不調が繰り返し、気力、体力ともに息切れする。病気に注意。
47 吉 これまでの努力が報われ、大きな成果を得る。その成功は長く続く。
48 吉 知識と人徳の両方が認められ大きな成功を収める。さまざまな任に就く。
49 凶 運が向いてきたと思っても、すぐ下降し、何事もうまくいかない。
50 凶 何をやってもなかなか成果があがらず、思いどおりに進まない。
51 中 若い人はとくに問題はないが、中年以降の人には不安定な日となる。
52 吉 活発に動くことによって先を見通すことができ、大きな目標を達成する。
53 凶 とくに中年以降の人は、他人からわからないところで、苦労する。
54 凶 人にダマされ、孤立して財産、名誉などのすべてを失う恐れあり。
55 中 好調に進む時もあるが、そのうち停滞し、なかなか思いどおりに進まない。
56 凶 保守的な行動が災いして支持を失い、じょじょに運気が低下していく。

秘伝・数字吉凶予知の法（古伝の占学による）〈表7〉

1	吉	最高の吉日。何をやっても成功し、人からも認められる幸福な日。
2	凶	気力がわきおこらず消極的になりがち。何かと障害の多い不安な日。
3	吉	明るく朗《ほが》らかに過ごせる日。知識力を発揮し、名誉や財運に恵まれる。
4	凶	つぎつぎと困難な事態が起こる覚悟が必要。病気にも注意すること。
5	吉	精神、体調が充実し、何事も成功する。人から尊敬を集める。
6	吉	人間性が高まる。やや運が衰退する兆しがみられるが、家運は隆盛する。
7	吉	独立独歩の精神で吉。ただし自信過剰におちいると失敗することもある。
8	吉	気力が充実し、自信をもった行動で、困難な目標を達成、成功する。
9	凶	病気や災難がたて続けに起こり、人間関係も孤立しがちになる。
10	凶	いくら努力しても報われず、苦難の多い日。何かが終わる暗示あり。
11	吉	これまでの地道な努力が結実する。じょじょに成果が現れる。
12	凶	何事も思っていたとおりにならないので、気苦労が絶えない。
13	吉	頭が冴えて、世に認められる。また活気にみち、金運にも恵まれる。
14	凶	良いことと悪いことが交互に起こる。家族と離れ、貧窮《ひんきゅう》にあえぐ。
15	吉	人から信頼され、助けてくれる人に恵まれるので、事がうまく運ぶ。
16	吉	温かい心が、障害をとりのぞき、着実に希望が達成されていく。
17	吉	勇気と断固とした意志力によって強い行動力が生まれ、成功に導かれる。
18	吉	強い意志力と、ひろくやさしい心が認められ、味方に恵まれる。
19	凶	突然、予期しない事故が起こりやすい。孤立しやすく、障害も多い。
20	凶	病気や事故などの災難にあいやすく、何をやっても失敗する最悪の日。
21	吉凶	男性は人の上に立ち、尊敬を集めるが、女性は大切な伴侶を失う。
22	凶	仕事は途中で失敗する。また夫婦間（恋人間）でいざこざが起こる。
23	吉凶	男性は人の上に立ち、大成功をおさめる。女性は大切な伴侶を失う。
24	吉	謙虚にふるまうことによって、名誉と財産を得る。子作りのチャンス。
25	吉	正直を貫いて実力を発揮する。ただし謙虚にふるまうことが条件。
26	凶	極端に良いか、悪いかのどちらかの日。愛情面と家族面で不安定になる。
27	凶	おのれを貫くと、支持を得られず、人間関係につまずいて失敗する。

り、楽しいことをする

8の性質

①土②大地、平野、むき出しの土、砂、砂利、泥、さざれ石、地球③脾《ひ》臓《ぞう》、唇、腹、胃④立場にこだわる、環境に委ねやすい、見られ方や役職を気にする⑤桃色、橙色《だいだい》⑥正方形⑦南西⑧土器、陶器、収集品、粉、束、サイコロ、小さなものの寄せ集め、羊と猿のアイテム⑨優しい、運がいい⑩いい加減、挫折⑪母⑫霧⑬羊、猿、雌の動物全般⑭陶芸、組み立て⑮受容的⑯混乱⑰バラバラになる、忘れる⑱地蔵、地母神に祈る⑲自分の心の内にあるすべての問題を乗り越える力がすでにあると意識する

9の性質

①なし②神性、聖なるもの、聖地、絶対性、人智を超えた偉大な意志、超自然性③宇宙と共鳴する脳、トランスパーソナル状態・啓示を受けているときの脳④視点が別の空間に向かう、開放性⑤色はない（あるいはすべての色）⑥絶対性を表すシンボル、六芒星《ろくぼうせい》⑦方位は宇宙の中心（あるいは全方位）⑧鏡（すべてを映し出す鏡）⑨瞑想の後の悟り、トランスパーソナル（超自我）、神的世界、霊性、奇跡、大いなる変化、預言（予言）の現実化⑩なし⑪神、啓示者、司祭、巫女《みこ》⑫天候は関係ない⑬麒麟《きりん》⑭神秘学探求⑮先端性⑯孤高性、一人になってしまうこと⑰天災、カタストロフ⑱神や偉大なるものに全部託した祈り⑲必ず乗り越えられると自分の超越性を信じる

る⑲自分の心の中に美しいものを次々とイメージする

4の性質

①木②林、森、草叢《くさむら》、祭り、音がよく鳴るもの、生き物が混在する場所③肝臓、目、筋肉④イベント・コーディネーター、寂しがり屋、群れを好む者⑤青、緑色⑥長方形⑦東⑧木製品、木の机、木の台、籐《とう》の家具、鉢植え、造花、眼鏡、竜とウサギのアイテム⑨賑やか、楽しい、成長⑩枯れる、死にそう⑪長男⑫雷⑬竜、ウサギ、長虫、蜥蜴《とかげ》⑭植物育成、イベント参加⑮協和的⑯他動的⑰非難される、人と会えない⑱竜神、雷神に祈る⑲瞑想し、心を鎮め、己の生命力を再確認する

5の性質

①風②高原、風の通り道、嵐、台風、流行、突風、竜巻③肘、股、喉④自由人、旅行好き、転居好き、空想家、放浪者⑤紫⑥曲線⑦南東⑧布、服、暖簾《のれん》、タペストリー、紙、羽、飛行機、紐《ひも》、筆、箒《ほうき》、蛇のアイテム⑨自由、冒険、未来⑩不自由、見下す言葉⑪長女⑫風全般⑬山野に棲む生物全般⑭旅、ゲーム、冒険⑮斬新⑯無責任⑰閉じ込められる、動けない⑱風神に祈る⑲解放と自由がより拡大していくことをイメージする

6の性質

①水②滝、雨、深い渓谷、断層、穴、割れ目、真っ黒な場所、洞窟《どうくつ》、井戸③腎臓、耳、血液、体液④専門家、達人、オタク、学者、職人、一人を楽しむ者⑤黒色⑥凹型⑦北⑧細口瓶、一輪挿《ざ》し、鉄釜、コップ、靴、鞄《かばん》、財布、亀とネズミのアイテム⑨叡智、霊性、発掘⑩自他の批判⑪次男⑫雨、雪⑬玄武、亀、ネズミ⑭水泳、釣り⑮賢者的⑯閉鎖的⑰燃える、大切なものをなくす⑱弁財天、水神に祈る⑲自らの潜在意識に加護を祈り、人生の目的を再認識する

7の性質

①山②丘、岳、陵、盛り上がった場所、突き出た石、立石、磐座《いわくら》③骨、肩、背中④歴史家、文化継承者、頑固者、原理主義者⑤藍色⑥凸型⑦北東⑧丸椅子、山の絵、伝統工芸品、骨董品、牛と虎のアイテム⑨伝統、礎《いしずえ》、受け継ぐ⑩断絶する、終わる⑪末っ子、三男⑫曇り⑬牛、虎、精霊全般⑭登山、彫塑、歴史探索⑮計画的⑯頑固⑰騙される、壊される、否定される⑱不動明王、山神に祈る⑲自らの内にある先祖意識に加護を祈

数字とその性質のシンクロニシティ〈表6〉

1～9までの数字のシンクロニシティ特性を、19の項目に分けて解説する。

数字　①八象　②自然象　③身体象　④人間気質　⑤色彩　⑥形　⑦方位　⑧吉祥具　⑨ラッキー・ワード　⑩アンラッキー・ワード　⑪家族・人物　⑫天候　⑬霊獣・動物　⑭体質に合う大まかな趣味　⑮プラス面　⑯マイナス面　⑰危険な予兆（予期せずに起きた場合）　⑱他力的超開運法　⑲自力的超開運法

1の性質

①天②宇宙、星、銀河、青空、雲③脳、首、頭④リーダー気質、先頭好き、強さ好み、束ね役⑤灰色⑥円形⑦北西⑧丸、球状のアイテム、時計、指輪、石球、果実、結晶、犬と猫のアイテム⑨成功、トップ、完成⑩自信がない⑪父⑫雹《ひょう》、霰《あられ》⑬ライオン、象、天馬、コウモリ⑭武道、貴重品収集⑮積極的⑯えり好み⑰つまずく、落ちる、滑る⑱天照大神、天神に祈る⑲私は強い、負けない、成功するとイメージする

2の性質

①金②湖、湿った沼、穏やかな水の浅い渓谷、水たまり、湿った窪み③肺、表皮、毛④発信者、ブロガー、おしゃべり好き、教え好き⑤白、金、銀色⑥三日月形⑦西⑧お金、馬蹄《ばてい》、舟、明るい色の金属器、アクセサリー、杯、酒、刀、鳥のアイテム⑨元気、明るい、発信⑩悔しい、まずい⑪少女⑫霧雨、星空⑬赤色以外の鳥、淡水生物⑭会話、歌、飲食⑮快活⑯おしゃべり⑰腐る、聞き流される、口が痛い⑱菊理《くくり》姫命《ひめのみこと》、金神《こんじん》に祈る⑲光明と豊かさと安心の内にあるとイメージする

3の性質

①火②火山、火事、光を発するもの、熱のあるもの、燃えているもの③心臓、舌、瞼《まぶた》、歯④おしゃれな人、感情中心、黙っていられない、情熱家⑤赤色⑥三角形⑦南⑧火器、三本足の道具、本、照明器具、万華鏡、化粧道具、仮面、馬のアイテム⑨美しい、飾る、気楽⑩罵倒、怒り、汚い⑪次女⑫晴れ、虹⑬鳳凰《ほうおう》、昆虫、甲殻類《こうかくるい》、馬⑭パソコン、文芸、映画、着飾り⑮情熱的⑯感情的⑰水が漏れる、流れない⑱孔雀《くじゃく》明王《みょうおう》、火神に祈

63：水火→火水未済《かすいびせい》：未完成
64：水雷→雷水解《らいすいかい》：雪解け
65：水風→風水渙《ふうすいかん》：春の予感
66：水坎→坎為水《かんいすい》：溺れる
67：水山→山水蒙《さんすいもう》：未熟さの自覚
68：水地→地水師《ちすいし》：自己制御
71：山天→天山遯《てんざんとん》：勇気ある逃走
72：山沢→沢山咸《たくざんかん》：感情の交流
73：山火→火山旅《かざんりょ》：放浪
74：山雷→雷山小過《らいざんしょうか》：あと半歩の勇気
75：山風→風山漸《ふうざんぜん》：緩やかな発展
76：山水→水山蹇《すいざんけん》：目前の障害
77：山艮→艮為山《ごんいさん》：不動
78：山地→地山謙《ちざんけん》：謙虚さと柔和さ
81：地天→天地否《てんちひ》：停滞と逆境
82：地沢→沢地萃《たくちすい》：盛りだくさん
83：地火→火地晋《かちしん》：一歩ずつ前進
84：地雷→雷地豫《らいちよ》：熱意と行動
85：地風→風地観《ふうちかん》：観察と熟考
86：地水→水地比《すいちひ》：親和力
87：地山→山地剝《さんちはく》：剝奪
88：地坤→坤為地《こんいち》：受容する力

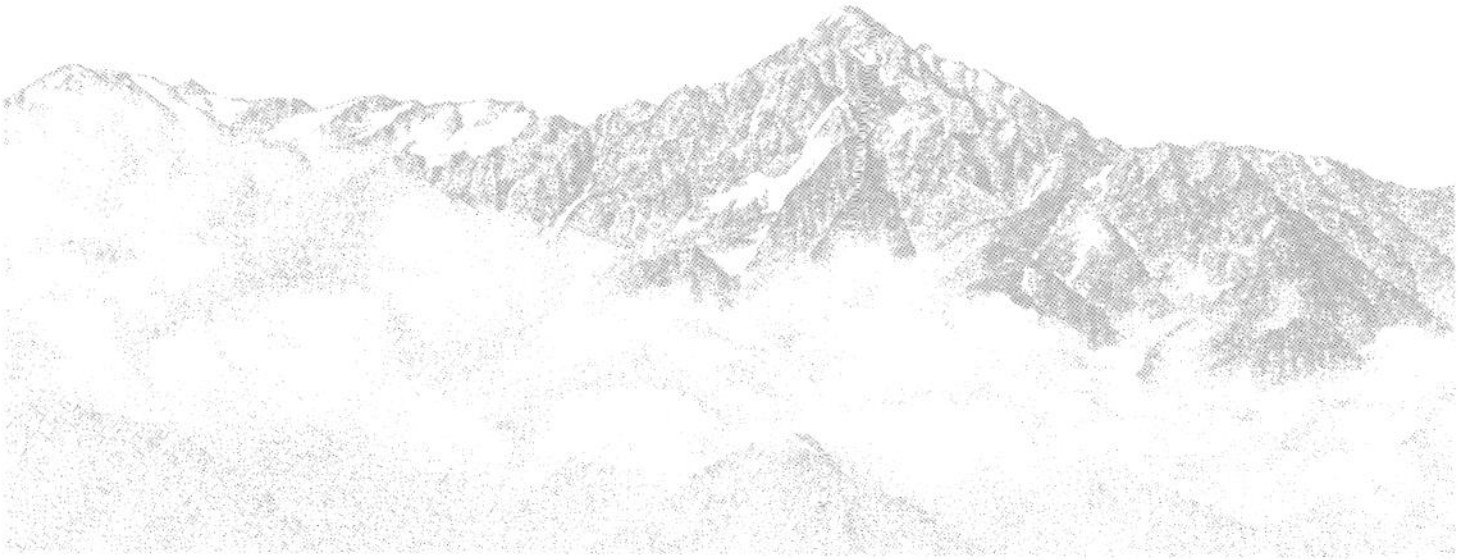

卦の詳しい内容についてはここでは触れないが、卦がもたらす運命や簡単な意味だけを記しておくので、参考にしてもらいたい。

（数字の出てくる順番〈順番をひっくり返す前〉：それぞれの数字が表す八卦→導き出される六十四卦：テーマや意味）

11：天乾→乾為天《けんいてん》：王者の創造力
12：天沢→沢天夬《たくてんかい》：決断のとき
13：天火→火天大有《かてんたいゆう》：大量に所有する
14：天雷→雷天大壮《らいてんたいそう》：大きな力
15：天風→風天小畜《ふうてんしょうちく》：自分を抑える勇気
16：天水→水天需《すいてんじゅ》：積極的に待つ
17：天山→山天大畜《さんてんたいちく》：蓄積と抑止
18：天地→地天泰《ちてんたい》：平和と安定
21：沢天→天沢履《てんたくり》：虎の尾を踏む
22：沢兌→兌為沢《だいたく》：重なる楽しみ
23：沢火→火沢睽《かたくけい》：対立
24：沢雷→雷沢帰妹《らいたくきまい》：未熟
25：沢風→風沢中孚《ふうたくちゅうふ》：誠心誠意
26：沢水→水沢節《すいたくせつ》：節度・節目
27：沢山→山沢損《さんたくそん》：損して得とれ
28：沢地→地沢臨《ちたくりん》：その時が来る
31：火天→天火同人《てんかどうじん》：協力と公平
32：火沢→沢火革《たくかかく》：革命のとき
33：火離→離為火《りいか》：まといつく炎
34：火雷→雷火豊《らいかほう》：豊かさ
35：火風→風火家人《ふうかかじん》：家庭
36：火水→水火既済《すいかきせい》：完成
37：火山→山火賁《さんかひ》：華やかさと確かさ
38：火地→地火明夷《ちかめいい》：闇に閉ざされる
41：雷天→天雷无妄《てんらいむぼう》：素直さと無邪気さ
42：雷沢→沢雷随《たくらいずい》：従順
43：雷火→火雷噬嗑《からいぜいこう》：噛み砕く
44：雷震→震為雷《しんいらい》：大逆転・大発展
45：雷風→風雷益《ふうらいえき》：増えていく
46：雷水→水雷屯《すいらいちゅん》：努力と持続力
47：雷山→山雷頤《さんらいい》：養生する
48：雷地→地雷復《ちらいふく》：回復
51：風天→天風姤《てんぷうこう》：出会いのとき
52：風沢→沢風大過《たくふうたいか》：過剰、過大
53：風火→火風鼎《かふうてい》：鍋で煮る
54：風雷→雷風恒《らいふうこう》：持久力
55：風巽→巽為風《そんいふう》：自然体の魅力
56：風水→水風井《すいふうせい》：井戸
57：風山→山風蠱《さんぷうこ》：腐敗
58：風地→地風升《ちふうしょう》：天を目指す
61：水天→天水訟《てんすいしょう》：闘争と激突
62：水沢→沢水困《たくすいこん》：苦難

数字、色、形と易の六十四卦の関係〈表5〉

夢や占いに現れるシンボルが易経《えききょう》の六十四卦とどのような関係にあるのかを説明しておこう。まずは色や形、方角、数字などと八卦の関係は次のとおりだ。

1のグループ（西北）：グレー、丸──→天（乾《けん》）
2のグループ（西）：白、金、銀など金属、口の形・三日月──→沢（兌《だ》）
3のグループ（南）：赤、三角形──→火（離《り》）
4のグループ（東）：青・緑など樹木、長方形──→雷（震《しん》）
5のグループ（東南）：藤色・紫、紐の形──→風（巽《そん》）
6のグループ（北）：黒、穴の形──→水（坎《かん》）
7のグループ（北東）：藍色、山のような形──→山（艮《ごん》）
8のグループ（南西）：ピンク・オレンジ、四角──→地（坤《こん》）

占いや夢などで二つの数字が出たら、その順番をひっくり返して易の六十四卦を出す。たとえば、3（火）7（山）だったら、7（山）3（火）として「山火賁《さんかひ》」が導き出される。9以上の数字は8で割って、その余りが求める数字となる。たとえば12と5なら、12÷8＝1…4（余り4）なので、4（雷）5（風）となり、その順番をひっくり返して5（風）4（雷）、すなわち「風雷益《ふうらいえき》」となる。色や形も数字と同様で、たとえば夢のなかで丸（天＝1）をみて次に四角形（地＝8）をみたら、「地天泰《ちてんたい》」の卦を得る。

では「白い犬」のように形と色が同時に夢のなかで出た場合、どのような順番にすればいいか。基本的には形が優先される。この場合犬は、干支の方角から数字（八卦）を導き出す。子（北）丑寅（北東）卯（東）辰巳（東北）午（南）未申（南西）酉（西）戌亥（西北）で、犬は西北なので1だ。すると、1（天）2（沢）となり、その順番をひっくり返して「沢《たく》天夬《てんかい》」の卦が導き出される。ちなみに十二支から外れた猫はウサギの代用として東（4＝雷）になる。

以下にその早見表を掲載するので、夢占いなどに使ってみてほしい。

が色めき立つような予定がめじろ押しなので、「神社」とか「名前」とか「腕時計」といった、これまでになかったような夢をみるようになったとも解釈できる。

いずれにしても、強い力が別の世界から働いていることは事実のように思われる。この先、目が離せないような事態や事件が連鎖して起こるだろう。リモートヴューイング（遠隔透視）の結果では、2020年に大地震がくる可能性が高くなっている。起きるかどうかわからないが、オリンピックの前後はとくに要注意だ。場所は静岡、神奈川、あるいは中国山脈の日本海側の辺りのような気がする。少なくともその前兆は始まっている。夢の前兆は短いと2か月前、長いと半年前から起き始めるので、2019年後半から2020年にかけては目が離せない。

このように本当に霊的世界の穴がぽっかりと開いて、シンクロニシティが始まったということは、大勢の人々の夢の傾向をみれば、ある程度読み解けるのである。

のシンボル）が増えているからだ。たとえば、5月にはいきなり28位にハムスターが登場した。ハムスターはシンボル的にはネズミと同じだ。ウサギとネズミが夢に出てくるようになると、霊的世界が近づいてきていることを意味する。ルイス・キャロルの『不思議な国のアリス』を読んでもわかるように、ウサギとネズミは霊界のガイドである。バタバタ人が亡くなるとか、有名人が亡くなるとかの現象が増えてくる。

実際、映画『羅生門《らしょうもん》』などの主演で一世を風靡《ふうび》した女優・京マチ子（1924～2019年）も、時代の流行語にもなった『ケ・セラ・セラ』の歌で知られるアメリカの歌手兼女優ドリス・デイ（1922～2019年）も、5月に亡くなっている。

私もそのころ、ごちゃごちゃした感じを受けた。つまり集合無意識が混乱している状態なのだ。

●ウサギとネズミは霊的世界の到来を示唆

4月のノートルダム大聖堂の火災を予知するようなシンボルとしては、現象が夢の2か月後に現れる傾向があることから、やはり2月のウサギ（42位）がその予兆であろうか。ウサギがノートルダム大聖堂の火災の前兆であったとみることはできる。2月に初めて50位にランクインして翌月43位に上昇した「血」も不気味な予兆となっている。

「腕時計」、「名前」、「髪」、「神社」、「上司」、「遅刻」、「ホテル」、「写真」、「血」といったアイテムは、これまで50位内に入ってくるようなものではなかった。それなのにこれだけ多くのアイテムが一気に2月から新たにランクインするようになったことは、明らかに何かいままでにない現象が発生する可能性を示している。このような現象はまったく初めてであり、異様な事態が発生することが示唆されている。

この世界にあの世（ウサギ、ネズミ）とつながるような穴が開いて、「血」と結びつく「赤」と関係あるような事象が次々と起きやすくなっているのかもしれない。穴はおそらく別世界へと通じる穴が開いたという意味であろう。

こうした夢の傾向は、天皇の即位と関係があるとの見方もできる。夏には選挙もあれば、オリンピックも来年（2020年）には開催される。皆

●不気味な動きを示した「歯」の夢

本文74～77ページの表は携帯サイトを運営する「開運夢診断」と私が、59万5000人の夢のデータを分析したものだ。日々みる夢の中に出てくるアイテム(モノや生物などのシンボル)の発生数を集計した。

2015年まで1位だったクルマが2015年に2位に陥落、その後元に戻らなくなっている。これはおそらく、日産自動車のゴタゴタに代表される自動車業界の不況と連動しているように思われる。

3・11の東日本大震災があった2011年には、地震が17位にランクインしている。ただしこれは、地震が起きてから、多くの人がその夢をみるようになったと考えられるので、予知性はあまりない。

2019年(上半期)で面白い現象は、歯の夢が1月に突然50位内にランクインして3月には30位まで上昇した後、4月に急にランク外に消え、5月に再び36位にランクインしたことだ。

キールが調べた、ポイントプレザントの橋の崩落事故前に現れた怪物モスマンの出現の仕方をみると、だいたい1年前から出現し始め、事故前1か月になるとパッタリと現れなくなったことがわかっている。上昇してきた異常な現象が突然、止まったりすると、その1か月後くらいに何か大きな事件や事故が起こるというパターンがあるようだ。

実際、5月には7日にパプア・ニューギニアでマグニチュード7クラスの地震が発生。10日には宮崎県沖の日向《ひゅうが》灘《なだ》でマグニチュード6クラスの地震があり、さらに14日には再びパプア・ニューギニアでマグニチュード7.5の地震が起きている。

別の解釈をすると、1月、2月、3月と地震と関連があるとみられる「歯」の夢が急激に上がってきた。その2か月後の5月に大きな地震があったと単純にみることもできる。

また4月には、日産のカルロス・ゴーン前会長(1954年～)の一連の事件の余波、ノートルダム大聖堂の火災と、世界を揺るがすような事件が発生しており、歯と夢になんらかの相関関係がある可能性もある。

こうした夢のシンボルの出現具合をみると、2019年に入ってから変な動きがみられるのは間違いない。というのも、ここにきて、これまで上位に挙がっていなかった、まったく新しいテーマのアイテム(夢のなか

・**学校**：社会全体や集団生活を自分がどうとらえているかの表れ。または良識を表すシンボル。
・**洋服**：基本的にはオシャレと関係。派手な服から地味な服に着替える場合は、実際に何かの境目にあることを暗示。派手な服に着替える場合は、近日中にパーティーがある、または誘われる、人前に出なくてはならない用事ができることを暗示。地味な服から派手なものに着替える場合は、支出がある、葬式がある。裸になってしまう場合は、いままでの過去を拭い去りたい、これまでやってきたことがものにならない暗示。
・**水**：お金や情報のシンボル。
・**髪**：過去のもの、引き止められるもの、断ち切りたいもの。
・**花**：自分が求めているものの完成度、達成感を表す。しぼんでいれば、うまくいかない可能性が大きいことを暗示し、きれいに咲いていれば、やりたいことが満たされることを暗示している。
・**蛇**：マイナス面では病気の暗示。プラス面ではお金が入ってきたり、愛情面や性的な面で満たされたりする前兆。
・**鳥**：猛烈に忙しくなることを暗示。鳥が地面を歩き回っている場合は、人間関係が乱雑に激しく変化する。たくさんの人と出会ったりする。
・**馬・ペガサス**：責任ある仕事を任される。出世する前兆だったりする。
・**太陽**：なんかの死に直面したり、自分の生命が危機にさらされたりする。
・**月**：欠けている月は、だんだん物事が満たされてくる暗示。満月は生と死の象徴。女性のために何かしなければならない事態が発生する予兆の場合もある。
・**階段**：人生を象徴。明るい場合は、未来も明るい。暗かったり汚かったりした場合は、生き方に問題があることの暗示。
・**怪物**：恐れ、心の葛藤《かつとう》を表す。
・**落ちる**：さびしさ、不安を表す。
・**流血**：人に対して優しさをもたないといけないという警告。
・**泣く**：愛情面で良い方向に切り替わる暗示。
・**食べる**：人のことで、気を使わなければならないことを暗示。

2018年 よくみる夢のシンボル・ランキング〈表4〉

1位：トイレ、2位：クルマ、3位：芸能人、4位：好きな人、
5位：仕事、6位：家、7位：犬、8位：虫、9位：猫、10位：子供

夢でみるシンボルと社会的事象のシンクロニシティ
（1）**トイレ**：悩み、こだわり、しがらみ、忘れたいものなど隠したいことや、自分にとって気になっている汚点、コンプレックスに関わること。水があふれる場合は、処理しきれない仕事を抱えている場合。
（2）**クルマ**：自分の人生そのもの。あるいは愛情面での変化を暗示。クルマにのる夢は、安定した愛情生活を送れる前兆。クルマを買い替える夢は、離婚や恋人と別れる前兆。
（3）**芸能人**：パワーや魅力、ちやほやされたい感情。
（4）**好きな人**：愛そのものを表す。恋愛運において良い夢であることが多い。自分自身のことである場合もある。
（5）**仕事**：心の準備を整えるためのトレーニングの意味合いが強い。
（6）**家**：自分自身あるいは潜在意識そのもの。主に自分自身をどうイメージしているかに関係。
（7）**犬**：忠実、誠実のシンボル。積極的に動かなければならない事態が発生することの暗示の場合もある。
（8）**虫**：幸運をもたらすシンボル。現実に虫が嫌いであればあるほど、良い夢である。
（9）**猫**：隠れた部分や陰を表すシンボル。女性的なものの象徴であることもある。
（10）**子供**：自分自身。元気の良さや生命力、可能性を表す半面、現状に不満がありピュアな気持ちになりたいときにも現れる。

（その他の主なシンボル）
・**歯**：しばしば予兆的に地震を表す。歯を抜いたり、ぐらぐらしたりしている場合は、要注意。信念が揺らぐ出来事を暗示する場合もある。
・**手**：人間関係、人脈の広がり。
・**人**：基本的には自分自身。

・蜘蛛が下りてくると、お客がくる（広島）。
・蛇の夢をみると、氏神様にお参りしなければならない（長野）。
・午後または夕方の耳鳴りは、良い話を聞くことになる（京都）。
・人が陰口をいうと、必ずくしゃみが出る（福井）。
・暁の夢は実現する（石川）。
・朝みる夢は正夢（岐阜）。

6　呪術

・赤子が夜泣きしたら、鳥の絵を描く（徳島）。
・しゃっくりには、箸を十文字にして水を飲む（島根）。
・長居の客には箒《ほうき》を立てる（石川、滋賀）。
・陰膳《かげぜん》をすると、お腹がすかない（和歌山）。
・輿入れ《こしいれ》のとき、玄関にて杯を割る（富山）。

7　卜占《ぼくせん》

・履物を放り上げ天気を占い、表なら晴れ、裏なら雨（高知）。
・名前の字画を数えて運を決める（奈良）。

・鳥の糞をかけられると運が良い（長崎）。
・かまどの火を焚くと良いことがある（長崎、長野）。
・旅立つ朝、梅漬けを食べていくと、縁起がいい（高知）。
・がま口のなかに蛇の皮を入れれば、金持ちになれる（富山）。
・夜、耳がかゆいと、翌日良いことがある（愛知）。

4　前兆予知（凶兆）

・夜蜘蛛は縁起が悪い（宮城、山梨、岡山、香川、愛媛、長崎、宮崎）。
・犬が遠吠えすると、人が死ぬ（福島、群馬）、火事がある（群馬）。
・家のなかにネズミがいなくなると、必ず不幸がくる（香川）、追々貧乏になる（神奈川）。
・ネズミが騒ぐと、何か悪いことが起こる（宮崎）。
・カラスの鳴き声が悪いと、不幸がある（北海道、青森、岩手、秋田、福島、群馬、石川、富山、長野、神奈川、岐阜、三重、奈良、滋賀、大阪、岡山、島根、鳥取、広島、愛媛、香川）。
・夜、鶏が鳴くと、不吉なことがある（福島、神奈川、長野、長崎）、火事がある（栃木、山梨）。
・青大将が毎日姿を現すと、大洪水になる（栃木）。
・外出のとき、下駄の鼻緒が切れると悪いことがある（福井、山梨、静岡、高知、大分）。
・歯の抜けた夢をみると、不吉なことがある（青森、福島、新潟、福井、岐阜、静岡、滋賀、高知）。
・馬の夢をみると、風邪をひく（秋田、長野）、金がなくなる（福島）。
・魚の夢をみると、縁起が悪い（島根、山口、大分）。
・悪い夢をみたら、朝いえばいい（香川）。
・お天道様が赤いときは、凶作がくる（長野）。
・彗星がくると、戦が起きる（長野）。
・流星があると、人が死ぬ（高知）。
・朝、食器を落としたりすると、注意を要する（大阪、高知）。
・家に大凶がある場合は、その年の元旦に変事がある（群馬）。
・線香が途中で消えると、凶事がある（秋田）。

5　前兆予知（その他）

・ネギを火のなかに入れると、悪い（東京）。
・赤飯を茶漬けにしたり、お湯をかけたりして食べると、嫁入りのときに雨が降る（静岡、徳島、高知、山梨、宮城、長野、埼玉）、葬式のときに雨が降る（富山、福島）。
・山で食事したとき、箸を折らないと足に竹を刺す（宮城）。
・ミョウガを食べると、忘れ物をする（秋田）。
・ご飯を食べてすぐ寝る人は、犬になる（岩手、北海道、青森）、牛になる（島根、宮城、石川、福井）、貧乏になる（岩手）。
・四つ角にはお化けが出る（長崎）。
・満潮のときに人が生まれ、干潮のときに人が死ぬ（京都）。
・妊婦が火事をみると、その子にあざができる（宮城、福島、栃木、埼玉、千葉、東京、新潟、富山、石川、福井、長野、岐阜、愛知、三重、静岡、和歌山、奈良、滋賀、京都、大阪、島根、岡山、広島、徳島、香川、愛媛、高知、宮崎、佐賀、長崎）。
・妊婦が葬式をみると、その子にあざができる（青森、石川、滋賀、島根、岡山）。
・夜、爪を切ると、親の死に目に会えない（北海道、青森、岩手、秋田、山形、宮城、栃木、群馬、埼玉、東京、神奈川、新潟、富山、石川、福井、山梨、岐阜、長野、静岡、三重、和歌山、奈良、滋賀、京都、大阪、島根、鳥取、岡山、広島、山口、徳島、香川、愛媛、高知、大分、宮崎、長崎、鹿児島）。

3　前兆予知（吉兆）

・茶柱が立つと良いことがある（秋田、福島、埼玉、石川、福井、静岡、愛知、岡山、島根、広島、高知、長崎、宮崎）。
・朝、蜘蛛《くも》がくると良いことがある（宮城、栃木、埼玉、神奈川、長野、山梨、岐阜、静岡、三重、山口、宮崎）。
・朝蜘蛛、夕方のムカデは吉兆（長崎）。
・蛇の夢をみると、縁起がいい（秋田、栃木、静岡、広島、長崎）。
・一富士二鷹三茄子《なすび》――縁起の良い夢の順番（静岡、三重、長崎）。
・火事の夢をみると、良いことがある（岡山、広島）。
・紐《ひも》や帯がひとりでに結ばれると良いことがある（福島、京都）。

・足袋《たび》を履いて寝ると、親の死に目に会えない（北海道、宮城、福島、栃木、群馬、埼玉、神奈川、富山、長野、静岡、三重、滋賀、島根、広島、佐賀、宮崎、大分）。

（動物に関するもの）

・猫や牛を飼うときは、子供と同じ年を飼わない（新潟）。
・ネズミの悪口をいえば、いった者の着物がかじられる（長崎）。
・ミミズに小便をかけると、罰《ばち》が当たる（富山、静岡、滋賀）。
・蛇は神様のお使いだから殺さない（富山、長野、三重、愛知、島根、鳥取、愛媛）。
・蛙を殺すと雨が降る（青森、富山）。
・ムカデを殺すと、金が貯まらない（宮城）。

（器物に関するもの）

・鏡を割ると縁起が悪い（佐賀）。
・赤ん坊に鏡をみせると、親の後を追う（富山）、人見知りする（石川）。
・履物は、午後新品をおろさない（山口）、夜おろすと、悪いことがある（三重）。
・柄杓《ひしやく》を担ぐと雨になる（長野）。
・柄杓の水を反対にあけてはいけない（石川）。
・櫛を拾うと苦労する（大分）。
・かまどの上に刃物をのせるな（大阪、滋賀）。
・囲炉裏に火箸を三本立てると悪いことがある（新潟）。

（その他の禁忌）

・柿の種を焼くと、貧乏になる（広島）、糖尿病になる（富山）、歯を病む（岐阜）。
・梅干しの種を囲炉裏に捨てると、歯が痛くなる（石川）。
・梅の種を海中に入れると、海が荒れる（岡山、石川）。
・梅干しとウナギを食べると死ぬ（大分、三重）。
・玄関先にクルミの木があると、病人が治らない（新潟）。
・花を頭に挿すと、親の死に目に会えない（長野）。
・帽子に花を挿すと、親が早く死ぬ（京都）。
・ネギを火に焼くと、火の神様が嫌う（長野）。

・仏滅の日に漁具を新調しない（京都）。
・三隣亡《さんりんぼう》（暦注の一つ）に家を建てると悪い（北海道、静岡、三重、奈良、岡山、高知、香川、大分、佐賀）。
・子の日には田植えをしない（鳥取）。
・丑の日や友引の日は葬式をしない（和歌山）。
・丑の刻参りをみると、命を取られる（長崎）。
・丑の刻参りをすると、願い事が叶う（和歌山）。
・寅の日に爪を切ると、長者になる（静岡）、無実の罪を着せられる（三重）。
・家中に辰《たつ》年生まれの人がいると、その家には火災が起きない（埼玉）。
・丙午《ひのえうま》生まれの女と結婚すると、夫が食い殺される（神奈川、福井）。
・初午（2月の初の午の日）に、山へいくと火事になる（京都）、風呂をたてると火事になる（徳島）。
・庚申の日に味噌汁を食べると、目がつぶれる（大阪）。
・酉《とり》の日に田植えをすると火事になる（長野）。
・髪を洗うと親の死に目に会えない（佐賀、宮崎、鹿児島）。

（住居にかんするもの）

・三軒長屋の真ん中に住むと、病人が絶えない（北海道、滋賀、島根）。
・家の表から裏へ通り抜けてはいけない（三重、京都）。
・便所をきれいにすると、かわいらしい子が生まれる（大阪、新潟）。
・鬼門に流し場や便所がある家は、必ず病人が絶えない（北海道）。
・鬼門の方角をきれいにする（佐賀、和歌山）。
・土間の敷居の上に乗らない（島根、岡山、長野、徳島、東京、群馬、北海道、高知、島根）。

（衣服に関するもの）

・朝出るときの出針（外出前に裁縫をすること）はよくない（北海道、宮城、福島、群馬、東京、山梨、新潟、福井、広島、愛媛）。
・着物の前合わせは左前にしてはいけない（新潟、長野、静岡、佐賀）。
・帯で子供の服をつくると、子供が出世しない（新潟）。
・新しい着物を夕方おろしてはいけない（埼玉、長野）。
・枕を踏むと、頭痛持ちになる（東京）。

・夜、口笛を吹くと、蛇がくる（栃木、岡山、高知、千葉）、盗人《ぬすつと》がくる（滋賀、宮崎、長野）、天狗が競走にくる（静岡）。
・夜、口笛を吹いてはいけない（三重、新潟、京都）。
・夜、掃除すると、親の死に目に会えない（広島）。
・夜、畳を掃くと、金が貯《た》まらない（奈良）。
・夜、梅干しを食べると、字が下手になる（石川）、耳が聞こえなくなる（秋田）。
・朝、梅干しを食べると、その日の難を逃れる（秋田）。
・朝、家庭内で良くないことがあったときは、終日慎む（山口）。
・朝、泣いたりすると、一日中運が悪い（岡山）。
・一日の朝、畳を掃いたら、その日に悪いことが起きる（岡山）。
・朝、坊主に会えば、運が悪い（鳥取、岐阜）。
・朝、猿の話をするといけない（広島、奈良、三重、香川、福井）。
・外出したとき、七日帰りをしてはいけない（福島、秋田、富山）。
・9日目に帰ってはいけない（千葉、三重）。
・7日に出て9日に帰ると悪い（京都、新潟、福井）。
・月の7日に旅立ちするな（三重、京都、岡山）。
・2月16日は木を切らない（秋田）。
・十七夜のお月様に参拝すると、負傷した箇所が悪化しない（三重）。
・元旦の朝は掃除をしない（栃木、島根）。
・正月は刃物を一切用いない（佐賀）。
・元旦に涙すると、一年中泣く（高知）。
・元旦の飾り餅は、角が立たないよう丸形にする（滋賀）。
・正月に櫛《くし》を折ると、一年中苦労はない（千葉）。
・節句には種を蒔《ま》いたり植えたりしない（滋賀）。
・土用中に土を深く掘ってはいけない（富山）。
・土用の日にウナギを食べたら腹痛しない（大阪）。
・お盆中に魚を取ってはいけない（京都）、魚を食べない（青森）。
・お盆に海水浴すると、亡者が引き込む（山口）。
・大みそかに早く寝ると、顔にしわが寄る（富山）、白髪になる（石川）。
・友引の日に葬式するとまた続く（三重、岡山）。

主な迷信とシンクロニシティ〈表3〉

日本は1950年ごろまでは、シンクロニシティ大国だった（迷信調査協議会編『迷信の実態』より）。時代の変遷とともに、必ずしもそぐわない迷信もあるが、いまでもシンクロニシティ的に有効な迷信もある。果たしてシンクロ現象が起きるか、各人で確かめてほしい。

1　民間療法

・妊婦は戌《いぬ》の日に腹帯をかける（和歌山、京都、佐賀）。
・冬至に南瓜《かぼちゃ》を食べると、悪病よけになる（香川）、中風《ちゅうふう》にならない（宮城、新潟、富山、静岡、滋賀、三重）。
・冬至に柚子湯《ゆずゆ》を立てる（香川）。

2　禁忌

（冠婚葬祭に関するもの）

・親の命日に気をつけないと、良いことがな（富山）。
・忌中一年間は屋根の修理ができない（京都）。
・同じ年内に2人死ぬと3人死ぬといって、代わりに人形などを埋葬する（富山）。
・忌中の間は山、海にいかない（秋田）。
・命日に魚を食べてはいけない（宮城）。
・葬式の帰りは塩で身を清める（神奈川、宮城）。
・4つ違い、10違いの人とは結婚するな（福島、神奈川）。

（数に関するもの）

・漬物を3切れ漬けると、身を切る（奈良、石川）。
・漬物は3切れ出さない（神奈川、福島）。
・食べ物の3切れは身を切るので避ける（長野）。
・贈り物に偶数を嫌う（静岡）。
・数字でよいものは1、2、8で、悪いものは4、9（広島）。
・4、9の数字を嫌う（北海道、鳥取）。
・9の付いた丑の日に餅をつかない（秋田）。

（時、日、季節、朝、夜に関するもの）

「犬も歩けば棒に当たる」何か行動しようと思うだけで、あちらから現象が現れる。

「果報は寝て待て」焦っていては、その焦燥感が現実化する。淡く潜在意識に落とし込んでおけば、後は潜在意識が働いて導いてくれる。

「足るを知る者は富む」足りていると思う心の状態は、足りている状態を引き寄せる。足りていないという心の状態は、足りていない状態を引き寄せる。

「二兎《にと》を追う者は一兎をも得ず」明確な目的を定めれば、その目的に合ったものが引き寄せられるが、目的があいまいであると、あいまいなものが引き寄せられる。

「災い転じて福となす」災いは災いであると思えば災いだが、心のもちようによって幸運に転化することもできる。

「猿も木から落ちる」慢心や油断をすると、その心の状態が潜在意識化されるため、慢心している状態が現象化する。

「禍福門なし、唯《ただ》、人の招くところ」すべての事象は心の状態が招いている可能性が高い。

●**意外性・洒落性**

「牛に引かれて善光寺参り」何げない偶然が、その人の人生を変えることがある。

「風が吹けば桶屋が儲かる」まったく関連がないと思われる事象も、心が介在して引き起こされることが、シンクロニシティなのである。

「蛙が鳴くから帰ろう」何かをすると、何かが現れるように、行動や言葉が意外な現象を引き寄せることを示している。

「事実は小説よりも奇なり」小説には通常プロットがあるが、シンクロニシティは因果律を超えた現象であるので、小説よりもはるかに意外なことが起こる。

「人間万事《ばんじ》塞翁《さいおう》が馬」吉兆は必ずしも幸運とは限らず、凶兆も必ずしも不運とは限らない。すべては、その人にとって必要だから引き寄せられる現象である。

「瓢箪《ひょうたん》から駒が出る」洒落《しゃれ》のように言葉の連鎖が起こるなど、半ばふざけたような現象が起こるのもシンクロニシティの特性である。

●周期性

「歴史は繰り返す」シンクロニシティには周期性があり、雛型やパターンが集合無意識に淡く刻まれる（神話化する）と、繰り返し同じような事象・事件が発生する。

「二十三夜の月待ち」13、17、23日などの夜に、月の出を待って供物を備え、飲食を共にすると、幸運が訪れるとされた。

「庚申《こうしん》待ち」（「年に六度の庚申を知らずして、二世の大願は成就せぬ」）昔の人は、60日に1度、庚申の日に夜通し祭を開催することによって、災いを避けようとした。干支《えと》もまた、シンクロニシティの周期性に基づいている暦だ。実際、庚申と辛酉《しんゆう》は政治変革が起こるとされ、それを防ぐために二年続けて改元されることも多かった（例：1860年＝庚申の万永元年と、1861年＝辛酉の文久元年）。

「禍福《かふく》は糾《あざな》える縄の如し」災いと幸運は、まるで交互にやってくるシンクロニシティの周期のようでもある。それがわかっていれば、慢心したり、必要以上に落ち込んだりする必要はないのである。その周期を知り、対応していけばいいのだ。

●心の状態・意識性

「まかぬ種は生えぬ」答えを求めなければ、回答は得られない。これが易やシンクロニシティの原理である。

「情けは人の為ならず」シンクロニシティでは自分の心の状態が事象を引き寄せるのだから、人を幸せにすることを心掛けておけば、自分にも幸せが返ってくる。

「人を呪わば穴二つ」他人に害を与えようとすれば、害は自分に返ってくる。これもシンクロニシティの法則の一つだ。

「嘘から出たまこと」たとえ嘘でも、潜在意識に淡く刻まれるとその思いが実現する。

「馬の耳に念仏」現象に気づかなければ宝の持ち腐れである。重要な意味や価値があると真摯《しんし》に思えば、意味のある偶然はやってくる。

「天災は忘れたころにやってくる」顕在意識化しているうちは起こらない悪いシンクロニシティも、人々の潜在意識に落とされると発生しやすくなる。

シンクロニシティの法則性を表したことわざ・慣用句の一覧〈表2〉

●連鎖性・連続性

「二度あることは三度ある」良い悪いは関係なく、同質、あるいは同様な事象が続けて起きる。

「三度目の正直」二度連鎖したシンクロニシティ現象も、顕在意識化すれば食い止めることができる。逆に二度起こらなかったシンクロニシティ現象も、強く意識せずに潜在意識に淡く落とし込めば、発生させることができる。

「泣きっ面に蜂」悪いシンクロニシティは気にしすぎると連鎖して起こる。

「笑う門には福来《きた》る」良いシンクロニシティは良い気持でいると連鎖して起こる。

「前門の虎、後門の狼」（「一難去ってまた一難」）一難去って、油断すると、また次の災難がやってくる。逆にいうと、一難あって、そこで顕在意識化して注意すれば、次の災難を避けることも可能ということだ。

●心象と外界の事象との共鳴性、イメージや意味が一致する共鳴性

「噂をすれば影が差す」シンクロニシティには想念と外界の事象を一致させる特性がある。

「類は友を呼ぶ」同じような意味をもつものは引き寄せられる——まさにシンクロニシティの大原則のこと。

「下駄の鼻緒が切れると、何か困ったことが起きる」身近で起きた出来事が、他の場所で起きる事象のシンクロ的前触れであったりする。

「耳が痛い」過去へのこだわりとシンクロすると耳が痛くなるのは、自分の過去のおこないや思いを反省する必要があるから。

「病は気から」特定の感情や心の状態と、五臓六腑《ごぞうろっぷ》など体の部位の状態とはシンクロ的に相対している。

「胡蝶《こちょう》の夢」心象（夢）と外界の事象（現実）は、どちらが先ということもなく、引き寄せられるように発生する。

「火事場の馬鹿力」欲などの雑念が消えて心に方向性が生まれると、普段は想像できないような力が発揮され、火箸を小指で曲げることもできるようになる。

●2018年に発生した「真」のシンクロ

・2018年7月6日、西日本豪雨で岡山県倉敷市真備町の堤防が決壊、死者多数。
・同年7月25日、台風12号で、大阪・門真市で大規模停電。
・同年9月4日、台風21号でも、大阪・門真市で大規模停電。
・同年9月6日午前3時7分、北海道胆振《いぶり》東部地震で、厚真町で多くの犠牲者。

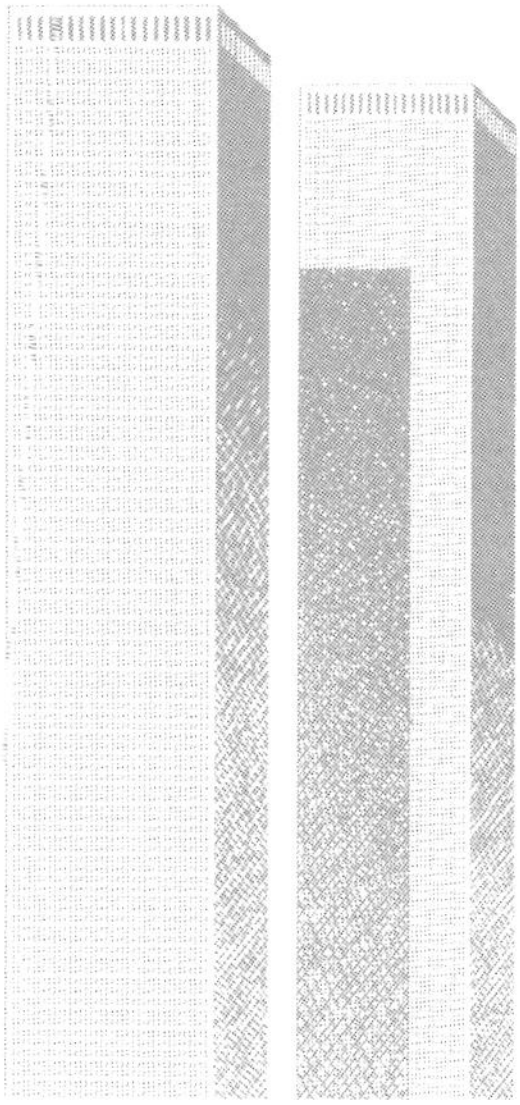

数字と文字にまつわるシンクロニシティ年表〈表1〉

●「3のシンクロ」

・1933年3月3日午前2時30分、金華山沖を震源とする昭和三陸大地震。約30分後の同午前3時ごろに津波。死者・不明者は約3064人に上った。

●「3」と「7」と「戸」と「神」のシンクロ

・1995（平成7）年1月7日午前7時37分37秒、青森県八戸沖でM7.2の地震。

・同年1月17日午前5時46分、神戸を中心にM7.3の阪神・淡路大震災。

・同年3月20日、東京（旧江戸）・神谷町などの地下鉄3路線でサリン事件。13人が死亡。サリンが製造されたのは、山梨県の上九一色村（「上」は「神」に通じる）であった。

●テロと災害の11のシンクロ

・1973年9月11日、チリでCIAが絡む流血クーデター（南米の「9・11事件」）。

（5年ごとの11のシンクロ）

・2001年9月11日、アメリカ同時多発テロ。

・2006年7月11日、インドのムンバイで同時多発テロ。

・2006年10月11日、ニューヨーク・マンハッタンの高層ビルに小型機が衝突・炎上。

・2011年1月11日、オーストラリア北東部で起きた前日の鉄砲水で多数の死者と発表。

・2011年3月11日、東日本大震災発生。

・2011年4月11日、ベラルーシの首都ミンスクで爆弾テロ。

・2016年1月11日、イラクで連続テロ。

（参考：2016年11月9日、米大統領選でトランプ勝利。11・9は9・11の逆さ数字）

・2016年12月11日、エジプト・カイロのキリスト教会で爆弾テロ。

・2021年？月11日（2016年の5年後の11日に何が起こるのか…）

秋山眞人 あきやま・まこと

1960年生まれ。国際気能法研究所所長。大正大学大学院文学研究科宗教学博士課程前期修了（修士論文のテーマは、大正期における霊術及び霊術家の研究）。13歳のころから超能力少年としてマスコミに取り上げられる。ソニーや富士通、日産、ホンダなどで、超能力開発や未来予測のプロジェクトに関わる。テレビ出演多数。著書は、『シンクロニシティ 意味ある偶然のパワー』ほか、100冊を超える。
公式ホームページ https://makiyama.jp/

布施泰和 ふせ・やすかず

1958年生まれ。英国ケント大学留学を経て、国際基督教大学を卒業（フランス文学専攻）。共同通信社経済部記者として旧大蔵省や首相官邸を担当した後、96年に退社して渡米、ハーバード大学ケネディ行政大学院ほかで修士号を取得。帰国後は国際政治や経済以外にも、精神世界や古代文明の調査、取材、執筆をおこなっている。秋山眞人氏との共著も多数。

シンクロニシティ
願望が実現する「偶然」のパワー

二〇一九年八月 五 日 初版発行
二〇一九年九月三〇日 2刷発行

著 者——秋山眞人
協 力——布施泰和
企画・編集——株式会社夢の設計社
東京都新宿区山吹町二六一 郵便番号一六二-〇八〇一
電話（〇三）三二六七-七八五一（編集）
発行者——小野寺優
発行所——株式会社河出書房新社
東京都渋谷区千駄ヶ谷二-三二-二 郵便番号一五一-〇〇五一
電話（〇三）三四〇四-一二〇一（営業）
http://www.kawade.co.jp/
DTP——アルファヴィル
印刷・製本——中央精版印刷株式会社

Printed in Japan ISBN978-4-309-24916-2